GESTÃO ESCOLAR E DOCÊNCIA

Casemiro de Medeiros Campos

GESTÃO ESCOLAR E DOCÊNCIA

Dados Internacionais de Catalogação na Publicação (CIP)
(Câmara Brasileira do Livro, SP, Brasil)

Campos, Casemiro de Medeiros
    Gestão escolar e docência / Casemiro de Medeiros Campos. – 4. ed.
– São Paulo : Paulinas, 2014. – (Coleção pedagogia e educação)

Bibliografia.
ISBN 978-85-356-3715-1

1. Educação - Finalidades e objetivos 2. Educadores 3. Escolas - Administração e organização - Estudo e ensino 4. Gestão educacional 5. Pedagogia 6. Prática de ensino 7. Psicologia educacional 8. Sala de aula - Direção I. Título. II. Série.

14-01027   CDD-371.2

Índice para catálogo sistemático:

1. Docência e gestão escolar : Educação   371.2

4ª edição – 2014
3ª reimpressão – 2020

Este livro segue a nova ortografia da Língua Portuguesa.

Direção-geral: *Flávia Reginatto*
Editora responsável: *Maria Alexandre de Oliveira*
Assistente de edição: *Rosane Aparecida da Silva*
Copidesque: *Huendel Viana*
Coordenação de revisão: *Marina Mendonça*
Revisão: *Leonilda Menossi*
Direção de arte: *Irma Cipriani*
Gerente de produção: *Felício Calegaro Neto*
Capa e diagramação: *Telma Custódio*

Nenhuma parte desta obra poderá ser reproduzida ou transmitida por qualquer forma e/ou quaisquer meios (eletrônico ou mecânico, incluindo fotocópia e gravação) ou arquivada em qualquer sistema ou banco de dados sem permissão escrita da Editora. Direitos reservados.

Paulinas
Rua Dona Inácia Uchoa, 62
04110-020 – São Paulo – SP (Brasil)
Tel.: (11) 2125-3500
http://www.paulinas.com.br – editora@paulinas.com.br
Telemarketing e SAC: 0800-7010081
© Pia Sociedade Filhas de São Paulo – São Paulo, 2010

Aos meus orientadores,
Silene Barrocas Tavares
Maria Nobre Damasceno
Jacques Therrien
Sofia Lerche Vieira
Manfredo Araújo de Oliveira
Francisco José Soares Teixeira
Meirecele Calíope Leitinho.

SUMÁRIO

Apresentação 9

I
A GESTÃO ESCOLAR E A CRÍTICA DA EDUCAÇÃO

Capítulo 1
Os desafios da educação frente às mudanças na
sociedade brasileira 15
   Sociedade, pobreza e educação 19
   O repensar da nossa sociedade 22
   O conteúdo da educação escolar: um sistema de classe 24
   Da inutilidade da escola ou esboço para uma crítica da
   educação no Brasil 27

Capítulo 2
Das relações sociais capitalistas e a reforma da educação 33

Capítulo 3
Por uma escola de excelente qualidade 49
   Investimento para uma escola de excelente qualidade 51

Capítulo 4
A qualidade na educação 59

Capítulo 5
A escolha da escola possível 65

Capítulo 6
A gestão escolar em tempos de crise 71

Capítulo 7
A distância entre o presente e o futuro na educação 83
   Os resultados da avaliação do sistema educacional brasileiro ... 84
   A valorização do professor 87
   A gestão escolar 89
   O planejamento do ensino 99

II
A DOCÊNCIA E A GESTÃO ESCOLAR

Capítulo 1
A docência como ofício 105

Capítulo 2
Ser professor! 113

Capítulo 3
Ofício de ensinar 117

Capítulo 4
A docência e a regência 119

Capítulo 5
Os saberes docentes e a prática pedagógica 123
    Compreendendo a reforma na educação 124
    Os dilemas da escola hoje 126
    Os modelos da formação de professores 127
    A pedagogia da competência e a epistemologia da prática docente 128

Capítulo 6
Sobre a profissionalização docente 131

Capítulo 7
A formação de professores numa encruzilhada 135

Capítulo 8
A pedagogia e a formação de professor 139

Capítulo 9
A docência e a valorização do magistério 143

Capítulo 10
Considerações em torno da emergência dos novos paradigmas na educação 147

Capítulo 11
A pedagogia no contexto das novas transformações: itinerário incidental 151

Referências bibliográficas 155

APRESENTAÇÃO

A gestão escolar no Brasil tem se constituído num enigma. Os desafios que a escola teve que enfrentar nesses últimos anos com o advento da reforma da educação e com a edição da nova Lei de Diretrizes e Bases da Educação (LDB) – Lei n. 9394/1996 – trouxe, num primeiro plano, a demarcação do marco regulatório legal para os sistemas de educação e a sua necessária integração, e, num segundo plano, o financiamento da educação, por meio do Fundo de Manutenção e Desenvolvimento da Educação Básica e de Valorização dos Profissionais da Educação (Fundeb). A vigência deste marco regulatório e a sua articulação com o financiamento público da educação vieram constituir o que, no âmbito da reforma, se definiu como a ampliação do acesso à escola e em seguida a sua universalização. A ideia aqui era a educação para todos.

Mas, seguindo a definição da reforma da educação, um terceiro plano que se realizou foi a decisão do Ministério da Educação de determinar os conteúdos curriculares por meio dos referenciais, parâmetros, diretrizes e propostas curriculares. Daí foi possível elaborar uma parametrização do processo de ensino e aprendizagem, além de demarcar a avaliação dos sistemas de ensino e da aprendizagem. Foi possível gerar indicadores de referência para a melhoria contínua da educação e da escola básica no Brasil.

Decorrido esse tempo de implementação da reforma da educação, percebem-se os limites do novo modelo gerado, tendo em vista que não bastaram as influências dos acordos internacionais ou mesmo os parcos investimentos na formação dos professores com a titulação de licenciatura. Estamos distantes de cumprir os objetivos da reforma em vista da anomia do sistema educacional brasileiro em todos os seus níveis e modalidades. Os problemas são complexos e estão sempre se renovando, por isso, para conseguir resolvê-los no cenário da conjuntura do capitalismo atual, uma das variáveis de consenso entre as nações para o desenvolvimento econômico-produtivo é a elevação do nível educacional, escolar e cultural dos povos. As sociedades contemporâneas são marcadas por aquilo que melhor as caracterizam e as definem: a informação e as tecnologias. O elemento que consegue desestabilizar a acomodação dos processos de desenvolvimento, diga-se, da produção da riqueza, é a educação. A educação aqui considerada exige níveis crescentes de ampliação da escolaridade aos segmentos mais diferenciados da sociedade na perspectiva da inclusão, bem como a melhoria permanente da escola. Esse processo implicou na formação de professores, o que se constituiu como política, investindo corretamente nas áreas/disciplinas ou nos conteúdos pedagógicos/estratégicos para a qualificação da prática educativa. Essa ação não pode ser pontual, deve ter um caráter de continuidade. Ou seja, é chegada a hora de fazer educação de excelência na qualidade. E a qualidade implica a permanência do aluno na escola e na aplicação da capacidade de sua aprendizagem.

Desse modo, verificou-se que a melhoria da escola, para além da docência, também depende da gestão escolar. Portanto, é chegado um novo momento, em que a referência para a educação de excelente qualidade necessita de ferramentas para o desenvolvimento da escola como organização aprendente, mas emerge como necessária à formação do gestor escolar. Sabendo que a docência ocupa a centralidade da organização do trabalho escolar, este livro busca promover a valorização das ideias para a gestão da escola. Ele é fruto de estudos e pesquisas desenvolvidas à luz da discussão teórica, no campo da economia política da educação e da experiência referenciada pela reflexão da prática na gestão e na administração dos sistemas e da escola, seja da escola pública, seja da escola privada.

Este livro, resultado de duas sessões temáticas, é composto de duas partes. A primeira, "A gestão escolar e a crítica da educação", tem como pressuposto uma rigorosa análise da possibilidade de viabilizar a excelência na qualidade da escola com base na mediação da gestão escolar. A segunda, "A docência e a gestão escolar", aborda a docência como corpo conjugado organicamente à gestão escolar, ou melhor, busca desenvolver a compreensão de que não se realiza a gestão escolar sem a fundamentação na docência. Em síntese, o que este livro pretende demonstrar é que a docência influencia profundamente a prática do gestor escolar.

Portanto, o núcleo central deste livro pode ser definido como um teor baseado na relação dialética estabelecida entre a gestão escolar e a docência, tendo a docência como o núcleo "duro" em que se alicerça a gestão escolar. Este livro não é um manual para a boa gestão escolar, nem um guia para gestores de sucesso; o objetivo principal dos textos aqui reunidos é instigar o debate e a discussão reflexiva no campo das ideias para a construção do projeto de uma nova escola.

I
A GESTÃO ESCOLAR E A CRÍTICA DA EDUCAÇÃO

1 OS DESAFIOS DA EDUCAÇÃO FRENTE ÀS MUDANÇAS NA SOCIEDADE BRASILEIRA

A proposta de análise dos temas "educação" e "sociedade" exige uma reflexão cuidadosa visto que a complexidade do mundo real nos leva a uma analogia do labirinto. Adentrar é fácil, mas o difícil é sair dele. É com essa figura que entramos no labirinto da relação educação/sociedade/caminho, sabendo que muito das ideias aqui colocadas não são consensuais, o que exige a disposição ativa para o diálogo. Saindo do labirinto, fica a certeza de que outros caminhos poderiam ser percorridos.

São inegáveis as mudanças que a sociedade brasileira tem passado entre as últimas décadas do século XX e o início do século XXI. Talvez a grande transformação evidenciada nesses últimos cinquenta anos seja o processo de transição democrática. A tentativa de consolidar a democracia aliada ao desenvolvimento econômico do país foi uma tarefa de muitos esforços. Desse modo, tem-se aprendido que a vida democrática pode contribuir de forma considerável, tendo em vista a necessidade política em discutir no mínimo a cada quatro anos os destinos do país, os caminhos do Estado e a vida do povo. Apesar dos limites da democracia e a sua crise de representatividade, o regime democrático de massa possibilita o diálogo entre os diferentes segmentos da sociedade e o debate contínuo sobre o futuro que temos a trilhar considerando as condições de investimento, as propostas de resolução para problemas crônicos como a pobreza, a miséria, a fome, o analfabetismo, e a definição de um projeto de país que se esboça no embate das posições e matizes ideológicas e de classe dos setores organizados da sociedade. Esse permanente embate, pressuposto da democracia, estabelece as condições possíveis em que se viabiliza a legitimação política da representação no âmbito do estado de direito. Como nos diz Habermas, a efetividade do diálogo impede a afirmação da violência.

As patologias sociais no Brasil levam muitas pessoas à situação de extrema privação. No início deste novo século, o Brasil aparece entre as dez economias mais sólidas no mundo, mas, contraditoriamente, temos os indicadores que apontam para os piores índices de desenvolvimento humano do mundo. É obscena a divisão que nos é imposta. Convivermos, simultaneamente, com o flagelo humano e com o progresso extraordinário da ciência e da tecnologia – o que possibilita um parque industrial de ponta em algumas áreas, permitindo o acúmulo de riqueza com extraordinários índices de lucro. A sociedade brasileira é caracterizada por uma abissal diferença socioeconômica. Essa realidade é a reprodução em outra escala da própria desigualdade entre os demais países.

De acordo com informações do IBGE, a distribuição de renda no Brasil apresenta em 2002 o seguinte quadro, considerando as faixas de rendimento em salário: 37% da população economicamente ativa não tem rendimentos quantificáveis em salários mínimos; 22% ganha até um salário mínimo; 17% ganha de um a dois salários mínimos; 15% recebe de dois a cinco salários mínimos; 5% tem ganhado de cinco a dez salários mínimos; 2% recebe de dez a vinte salários mínimos; 1% recebe mais de vinte salários mínimos. Esses dados nos levam a uma simples conclusão: a concentração de renda no Brasil é o principal motivo da desigualdade social no país. A população rica no Brasil gira em torno de 18 milhões de pessoas, num país com mais de 150 milhões de habitantes. É caótica essa relação de exacerbação da riqueza. Segundo pesquisas da ONU, 10% da população mais rica no Brasil detém uma renda aproximadamente trinta vezes maior que os 40% mais pobres. Tendo em vista que o Brasil teve um crescimento muito pequeno entre 2002 e 2007, esses dados pouco se alteraram. Verifica-se, desse modo, que é muito difícil resolver os problemas do Brasil sem antes resolver os problemas de distribuição da renda e da crescente acumulação de riqueza.

A extrema desigualdade gera desperdícios e contribui para a instabilidade política do Brasil, fragilizando a consolidação da democracia. Como pode haver democracia sem justiça social? Investir para criar forças estruturais a fim de proporcionar bem-estar às comunidades e melhoria da qualidade de vida requer a formação de um pacto de entendimento que possa superar as desigualdades. Mas como forjar uma vida em que as elites permitam a ampliação dos níveis de distribuição de riqueza? O que significa pertencer ou nascer numa família pobre no Brasil? A resposta é estarrecedora: é saber que se tem menos oportunidades de vida. As mulheres, por serem pobres, não terão acompanhamento pré-natal; os filhos, ao nascerem, se conseguirem sobreviver à alta taxa de mortalidade infantil (de cada 1.000 crianças que nascem, 34 vão a óbito), possivelmente terão menos probabilidade de concluir a escolaridade básica e pouquíssimos chegarão à educação superior. A privação de uma vida digna o coloca diante da produção do ciclo da pobreza. Como interromper esta lógica no Brasil? A luta pela distribuição de oportunidades como prioridade requer vontade política como instrumento para acelerar o crescimento econômico e a sua distribuição na forma de renda, diminuindo a pobreza para a partir daí gerar a igualdade social. Parece fácil, mas é um caminho polêmico, dificílimo e lento. Sabe-se que as taxas de crescimento elevado não diminuem a pobreza a curto e a médio prazos. Assim, na economia global, a redução da desigualdade é exigência que necessariamente se faz com políticas compensatórias em que participam os países ricos. A participação dos países – ricos e pobres – na responsabilidade de uma ação global para erradicação da pobreza no mundo é um imperativo ético e moral. Os sacrifícios postos na ordem do dia levam a uma indagação: como superar a pobreza e a desigualdade, levando com isso o mundo a um caminho de prosperidade? Somente o diálogo em torno de outra racionalidade tendo como horizonte a defesa da ética e o respeito incondicional à dignidade humana.

Sociedade, pobreza e educação

Os desafios associados à melhoria dos indicadores sociais no Brasil estão relacionados à qualidade de vida do seu povo. O modelo de desenvolvimento implantado no país ao longo das últimas duas décadas tem se revelado incapaz de permitir a distribuição da riqueza, possibilitando que segmentos minoritários detenham a massa da renda produzida, deixando o crescimento econômico muito aquém para a maioria da população. Este modelo de desenvolvimento, pautado numa racionalidade técnico--instrumental, tem agravado as condições de vida do povo, principalmente das camadas mais empobrecidas da sociedade, visto o desprezo com a dignidade do ser humano e aos valores éticos. Nesse sentido, as elites têm sido pródigas na afirmação da exclusão social.

Desse modo, a necessidade do Estado em prover formas de compensação por meio das políticas públicas é algo que se pauta na agenda do dia. Cabe ao poder público a urgência em dirigir os investimentos para áreas sociais tendo em vista facilitar o acesso dos cidadãos aos serviços públicos. Isso implica uma determinação política em que se torna prioridade a oferta de serviços básicos essenciais, tais como educação, saúde, saneamento básico e moradia. Implica também a reflexão sobre uma concepção de desenvolvimento e a crítica da realidade, comprometida com a quebra do ciclo da produção da pobreza. As pessoas não fizeram uma opção pela pobreza. Em nosso meio, a pobreza foi gerada socialmente, como forma de uma situação de vida em que se privaram amplos segmentos do compartilhamento do poder e da riqueza, impedindo a ampliação do bem comum e a consolidação da democracia e da justiça social. Assim, é injusta a vida em que o bem-estar se faz apenas para poucos, limitando as oportunidades aos grupos sociais mais privilegiados.

A erradicação da pobreza é um trabalho complexo, que exige ações permanentes, visto que essa situação se constituiu por um fazer histórico, e para ser modificado requer uma drástica intervenção no planejamento. A pobreza não se limita ao âmbito dos rendimentos da sociedade, mas deve ser compreendida como negação do bem-estar social, cultural, político, econômico da vida de uma sociedade. Em última instância, a pobreza é a privação da vida, é a ausência das garantias para a sobrevivência, é o permanente viver com o mínimo necessário; e o mais grave é não ter perspectivas para o futuro. É uma marca da nossa sociedade, traduzida pela radicalidade da expressão "exclusão social" ou *"apartheid* social". Esse *apartheid* social tem sofrido mudanças ao longo dos últimos dez anos, mas é fato que os mais graves problemas relacionados à pobreza tem se localizado na periferia das megacidades brasileiras. As políticas sociais não conseguiram inibir o aumento da pobreza. O que se vê é a situação de descaso com as necessidades dos mais pobres.

As difíceis condições de vida na periferia das metrópoles brasileiras apontam para uma leitura da circunstância ética e que põe na berlinda o próprio desenvolvimento do país. Uma das questões mais sérias que favorece a agudização da pobreza é a má distribuição de renda.

A erradicação da pobreza sugere a responsabilidade do Estado e dever dos governos. Mesmo sabendo que o Brasil aumentou consideravelmente recursos nos seus gastos sociais, ainda é pouco, visto que se gasta muito e mal os recursos para a diminuição da pobreza. É tarefa dos governantes estabelecer diferentes formas de intervenção na sociedade, criar tempos e espaços em que se tenha como prioridade o desenvolvimento de estratégias e metodologias criativas e inovadoras – com foco no ser humano, para a transformação da realidade –, mobilizar os diversos segmentos da sociedade para a eliminação de diferentes formas de pobreza: privação de acesso à riqueza e à distribuição de renda, privação alimentar, privação de assistência médica, privação dos serviços de saneamento básico, privação de lazer e cultura, privação de educação escolar. A eliminação da pobreza requer, fundamentalmente, uma mudança de relações sociais: um choque social em que a educação cumpriria uma função estratégica. Hoje, investir na escola pública de excelente qualidade é o meio mais adequado de promover a justiça social, considerando o impacto na melhoria das condições de vida dos mais pobres.

O repensar da nossa sociedade

Falta ao Brasil um projeto de país. Um projeto que leve o Estado a rumos de longo prazo. Vivemos uma circunstância histórica inusitada: nem as elites, nem os demais segmentos da sociedade, têm conseguido articular um projeto que consiga unir o país em torno de um modelo que permita encurtar a distância entre os mais ricos e os mais pobres. Essa separação se faz por um fosso abismal. É imenso o distanciamento entre os segmentos sociais marginalizados e a possibilidade de inclusão social. A nossa capacidade de diálogo entre o país moderno e o país do atraso praticamente inexiste. São necessários acordos mínimos para o fortalecimento de propostas que venham contribuir para superar os graves problemas sociais, pondo um ponto final na apartação social em que vivemos.

Se, na década de 1960, o problema colocado era por que do atraso do Brasil, hoje essa questão deve ser redefinida. A problemática central que pode orientar a perspectiva de um longo ciclo de desenvolvimento sugere a construção de um projeto em que o padrão da economia neoliberal não esteja no núcleo central, mas se o mundo globalizado tem uma nova relação compreendendo o conhecimento como a categoria central, a partir dela se estabelece a condição para a riqueza das nações. Cabe à sociedade refletir que em nossa história a lógica do desenvolvimento seguiu como base o pensamento dominante, sobretudo: bastaria a criação das condições para a industrialização; ou seja, era a crença desenvolvimentista, apostando que o enriquecimento do país se faria primeiramente tendo a indústria como foco, acreditando-se que o nosso atraso se devia à industrialização tardia, com a sua frágil sustentabilidade no mercado interno.

Desse modo, considerando a problemática da estagnação da economia brasileira ao longo dos últimos quinze anos, qual seria a viabilidade de um projeto para que o país se mobilize e avance na luta por um projeto com identidade própria? A base do desenvolvimento industrial exige uma dimensão criadora que se faz com o investimento no desenvolvimento científico e tecnológico. Para chegar a esse patamar, olhando para outros países com situação semelhante à nossa, como os tigres asiáticos, particularmente a Coreia do Sul é emblemática no que diz respeito à prioridade em educação. Observando quais as condições que aceleraram o conteúdo do seu desenvolvimento, temos algo surpreendente e inusitado: a prioridade na educação, com o fortalecimento da escola básica que forma o cidadão com a mais alta qualidade. Essa situação tem evidenciado que as mudanças estratégicas do ponto de vista social de um país não dependem necessariamente do desenvolvimento da economia.

Assim, cabe à nossa sociedade contribuir para a criação de um choque social, cultural, político, econômico e educacional. É um absurdo o modelo de convivência quando nos deparamos com uma apartação social. Isso significa que se deve deter a produção da exclusão social. Nesse sentido, a contribuição da educação é básica, pois, numa sociedade em que o conhecimento encontra-se no núcleo central das relações e da produção de riqueza, o desafio posto é como seguir o exemplo desses países emergentes, como a Coreia do Sul, guardadas as devidas situações específicas. É como gerar uma revolução educacional paradigmática que permita a gênese e a criação de uma nova ciência, que traga como pressuposto a inclusão de grupos sociais marginalizados, e um padrão tecnológico que faça assumir a garantia de oportunidade para todos os cidadãos. Mas não nos enganemos, a má qualidade na educação é um fator inibidor do bom desempenho da economia. A capacidade do país em aumentar ganhos de produtividade, ampliar os lucros e conquistar mais empregos depende de uma política que priorize a melhoria contínua de qualidade na educação dos trabalhadores.

O conteúdo da educação escolar: um sistema de classe

A difícil convivência entre pobres e ricos no Brasil é consequência das relações de intolerância das elites. A estrutura de classes sociais se reproduz na escola. É perceptível a relação de desigualdade que se estabelece nos sistemas educacionais e como essas diferenças se refletem na sala de aula e nos resultados das avaliações da educação básica. Isso é uma ferida aberta que expõe a tarefa de educar: se educar é uma atitude ética, como sustentar essa situação que gera condições desagregadoras, impossibilitando medidas que contribuam para uma convivência mais humana, fraterna e solidária?

O fracasso dos nossos sistemas educativos também se deve em parte à gritante concentração de riqueza. Essa realidade, divulgada pelos indicadores, apresenta 20% dos mais ricos detendo 65% de toda a renda do país, enquanto apenas 2% da renda nacional fica com os segmentos mais pobres. Pesquisas recentes do Banco Mundial revelam como é grave a concentração de renda no Brasil: 47% da renda nacional é concentrada em 10% dos segmentos mais ricos da sociedade. Comparando-se os indicadores de concentração de renda com o mapa da escolaridade, podemos compreender o quão complexa é a sociedade em que vivemos: os 20% de adultos mais pobres têm em média 3,4 anos de escolarização, contra os 20% de adultos mais ricos, que em média possuem 10,3 anos de tempo escolar. É insuportável a manutenção desta cruel realidade.

Portanto, é necessário o estabelecimento de uma nova estratégia que consiga tornar consensual a sustentabilidade de uma trajetória que não se limite à gestão de um governo, mas que perdure como uma ação política programática, contínua e de longo prazo. Aqui o papel da educação poderia se constituir como uma categoria transversal no eixo de prioridade para melhoria das condições de vida do povo, ao lado da prioridade com a opção pela saúde e de infraestrutura da mais alta qualidade com o aprofundamento da democracia. Estamos condenados à modernidade. Projeto civilizatório nos exige a educação como forma de afirmação da humanidade. A educação é uma exigência inevitável. Vemos que os ganhos da humanidade com a educação são imensos, ou seja, são frutos da tradição herdados da modernidade iluminista. Mas, pela dialética iluminista, as conquistas e a produção da riqueza são produtos da própria modernidade. Logo, para superar as situações desumanas engendradas pela sociedade capitalista, tem que se buscar pela própria modernidade iluminista a superação desses males. Daí a educação ser chamada a exercer uma função libertadora, preparando a humanidade para a exploração capitalista. Os seres humanos na sociedade capitalista neoliberal são levados a sua desumanidade, ou melhor, aquilo que a educação afirma – a humanidade da pessoa – é negado pela moderna sociedade capitalista. Se a ação educativa da escola é humana na atividade de educar, as relações sociais capitalistas são desumanas na sua essência. A pretensão modernizadora de uma sociedade educada é pressuposto de um projeto civilizatório; isso tudo se esvazia perdendo sentido diante da lógica, da estrutura e dos fundamentos da sociedade capitalista.

A importância da utopia para a transformação da sociedade é algo que cumpre uma função de grande significado para a renovação da ideia emancipadora da educação. Desse modo, é condição necessária para a ressignificação diante da transformação da realidade na sociedade capitalista.

Da inutilidade da escola ou esboço para uma crítica da educação no Brasil

Talvez o grave problema da educação no Brasil não esteja na escola em si, mas no seu entorno. A pobreza e a miséria que marcam a vida do povo marcam também a escola. Ela é a expressão dos conflitos de interesses que movem as relações sociais na sociedade capitalista. Compreender a relação educação/sociedade implica desenvolver a visão crítica sobre as complexas mediações e contradições da escola no âmbito da nossa sociedade. A contribuição das teorias críticas ao analisar a escola permite concluir à luz da sociabilidade capitalista que a instituição escolar sofre forte influência determinada pelas relações de poder hegemônicas da sociedade.

Desse modo, é fácil entender o porquê do descaso das elites para com as políticas públicas de educação e, particularmente, com a escola. Isso se deve à "inutilidade" da escola. Ou melhor, diante das pressões dos segmentos sociais mais empobrecidos, ao longo do século XX e no início deste século, a escola passou de reivindicação social à proposta de efetiva oferta pelos poderes públicos até tornar benefício concedido pelas elites aos mais pobres. Portanto, a escola, como aparelho institucional e de Estado, cumpre uma função social de alta relevância na formação de recursos humanos para a sociedade. Daí a necessidade de definir como estratégia de dominação um significado para a escola privada e outro para a escola pública. Assim, sob a dualidade público/privado, a opção das elites foi pela escola privada, deixando a escola pública relegada aos pobres.

Anos atrás, a escola privada foi considerada como modelo para a formação dos segmentos mais elitizados. Durante anos a escola pública foi completamente abandonada. Quando as elites estavam na escola pública, esta era boa. As elites a mantiveram com excepcional qualidade – boa estrutura, "excelentes professores" e conteúdo qualificado. Com a chegada dos pobres à escola pública, ela perdeu a qualidade. A degradação da escola levou a pôr em situação crítica o trabalho docente. Quanto ao seu comportamento como formador, o professor perdeu as referências como exemplo de humanismo e ética. A moral do professor foi atingida no seu âmago, desnorteando-o como pessoa humana. O que caracteriza o trabalho docente é a ação de formação de seres humanos. O docente, com a falta de um modelo ético de respeito ao outro, perde a atitude de cuidado. O trato do professor consigo mesmo na sua dimensão pessoal foi descaracterizando a sua imagem como autoridade. Isso repercutiu fortemente na sua ação profissional. É necessária a recuperação da boa qualidade da escola, passando por essa determinação, também, recuperar a docência como trabalho e o professor como um trabalhador do magistério.

Como superar o caos que se instalou na escola pública ao longo de anos, ao sopro dos ventos de mudanças no mundo diante do crescimento das economias dos países centrais, diante do padrão da tecnologia disseminando na base do processo de valorização do capital? Tudo isso constituiu os meios para a sua reprodução. Neste novo tempo, educação é sinônimo de desenvolvimento e riqueza. Na sociedade do conhecimento, em que a ciência e a informação assumem a centralidade nas relações sociais, a escola passa a ser uma instituição primordial para formação de recursos humanos. A dimensão da formação humana na sociedade capitalista, neoliberal, somente é valorizada enquanto promove a valorização do capital.

Essa situação parece coincidir com a reforma da educação no Brasil, iniciada com a edição da LDB, que completou dez anos de vigência no final de 2006. Entre os objetivos da reforma da educação destaca-se a promoção ao acesso e à universalização da educação – diga-se do ensino fundamental, com 97% das crianças em idade escolar na sala de aula. Mas, para consolidar o conteúdo da reforma, exige-se o sucesso escolar. Portanto, a permanência da criança na escola deve ser garantida pela aprendizagem. Nesse sentido, o desafio para os governos é assegurar a qualidade da escola. A problemática para a gestão da escola é hercúlea diante dos indicadores que apontam o baixo rendimento escolar dos nossos alunos. As tarefas são imensas se considerarmos o insucesso escolar com as taxas atuais do sistema em relação à reprovação, repetência, abandono e evasão escolar. Foram anos de abandono da escola pública; agora, enquanto a educação não for prioridade como política pública social, será muito difícil vencer o quadro em que se encontra a escola básica.

As conquistas na educação devem avançar como tarefa planejada, com orientação do Plano Nacional de Educação, situado como documento propositivo da superação dessa cultura do fracasso escolar, que ainda perdura. Nesse sentido, o investimento na formação de professores e na motivação ao trabalho docente é fundamental. Também a recuperação dos salários dos professores com um plano que lhes assegure uma boa remuneração, que seja competitiva, que viabilize a valorização social do professor. O planejamento da escola pública deve garantir as conquistas da reforma no Estado e assegurar as metas para a melhoria da qualidade da educação, sobretudo com flexibilidade de ações que contemple as alterações que precisam ser redefinidas pelo Plano Nacional de Educação. É preciso considerar o próprio princípio federativo da descentralização com a municipalização da educação, as necessárias nucleações para permitir a racionalidade na aplicação dos escassos recursos, tendo em vista as definições da Lei do Fundeb, quando da sua regulamentação para o investimento na educação, com o objetivo de viabilizar o regime de colaboração na oferta da educação básica entre Estado e municípios. Outro ponto importante para a qualidade da aprendizagem é considerar o tempo de permanência da criança na escola. Portanto, deve-se perseguir a proposta da escola de tempo integral. A experiência pode ser construída com a ampliação da jornada escolar nas disciplinas de Português e Matemática, acompanhada de um programa de suporte pedagógico ao professor e aos alunos. Quanto ao analfabetismo, como política de Estado, os governos terão que ser incisivos na redução dos analfabetos acima de 15 anos.

Considerando a previsão do crescimento do ensino médio, é necessário se concentrar esforços para a resolução dos problemas: o mais sério é o corpo docente. É urgente a contratação de professores para as áreas de Matemática, Física, Química e Biologia, bem como para as disciplinas de Filosofia e Sociologia a serem implantadas como obrigatórias no ensino médio. Estruturar as escolas tornando-as equipamentos socioculturais da mais alta importância para a qualificação da vida comunitária. Sob o aspecto pedagógico, a continuidade do processo de inclusão de alunos com necessidades educacionais especiais é significativa para a universalização do ensino e o atendimento desses segmentos socialmente marginalizados. Finalmente, não se pode esquecer a modernização da gestão, com a implantação de instrumentos e a designação de pessoal especializado para funções que auxiliem a direção, a coordenação e as demais assessorias da escola, com a finalidade de regularizar as rotinas e os fluxos pedagógico-administrativos e até de diminuir os alunos por sala de aula. Com base nesses argumentos, esperamos contribuir para a leitura e o trabalho de continuidade que se requer para o fortalecimento dos resultados. Aqui são apenas ideias, a realidade é muito mais complexa.

2 DAS RELAÇÕES SOCIAIS CAPITALISTAS E A REFORMA DA EDUCAÇÃO

Apesar das conquistas e dos avanços promovidos pela reforma da educação, ainda nos falta muito para a efetiva qualidade da educação tornar-se uma realidade. A divulgação em 2007 dos resultados do Sistema de Educação Nacional de Avaliação da Educação Básica (Saeb) evidenciou a triste realidade em que se encontram o ensino e a escola no Brasil.

É no mínimo preocupante o estado em que chegamos a partir dos resultados do Saeb/2006 aferidos pelas provas de Português e Matemática. Numa escala de 0 a 500 pontos, na 4ª série, os alunos obtiveram em Português em média 172 pontos, na 8ª série, 231 pontos. Em Matemática, os alunos da 4ª série obtiveram 182 pontos e da 8ª série, 239 pontos. No Exame Nacional do Ensino Médio (Enem), numa escala de 0 a 100 pontos, os alunos conseguiram um resultado médio de 39 pontos. Observando esses resultados, é altamente questionável o modelo de educação e escola que subjaz no sistema educacional brasileiro: para que serve afinal esta escola? Com esses resultados a escola ficaria de recuperação ou seria reprovada.

Comparando-se este resultado com os dados de dez anos atrás, percebemos a regressão dos percentuais. Ou seja, a avaliação aponta uma tendência preocupante. Os resultados indicam o que os jovens e as crianças dizem da escola: que não têm atrativos e que é ruim. Isso demonstra apenas o tamanho do precipício em que se encontra a escola. Outras informações corroboram para a afirmação desses resultados. Divulgada recentemente "A Pesquisa Nacional de Qualidade da Educação: a escola pública na opinião dos pais" – essa pesquisa tem outro caráter e a metodologia se define como pesquisa qualitativa com grupos focais –, as conclusões dessa investigação afirmam que os pais demonstram que os professores são omissos, que os "novos métodos" pedagógicos são frágeis, pois permitem a indisciplina e a falta de responsabilidade, poucas são as cobranças pelos deveres e valores. Em síntese: a escola é vista como uma instituição relapsa. Assim, podemos constatar que chegamos ao fundo do poço. A saída é melhorar a escola.

O problema é complexo e não é de fácil solução. A escola no Brasil está longe de se constituir numa instituição de excelência e parece até que os professores não assumem o seu ofício docente. Mas é sabido que muito se tem feito e tentado construir com novas práticas por outro modelo de educação. Apesar de a produtividade ser baixa, a escola, como sujeito coletivo, tem tentado buscar saídas para a crise que lhe abateu. Não tem sido fácil para os professores encarar os desafios e as mudanças de paradigma a que foi submetido o processo de escolarização. Muitos erros foram cometidos e os percalços às vezes permanecem insuperáveis. Mas os professores muito têm feito para solucionar os graves problemas e por vezes se deixam crer que as coisas não se resolvem. Muitas são as respostas. Mas para que se chegasse onde nos encontramos, com pífios resultados, muito também se percorreu. Foi um processo histórico. O descalabro da educação brasileira se deve às suas elites, que historicamente nunca se permitiram a possibilidade de viabilizar uma escola pública de boa qualidade. A escola pública de excelente qualidade representava uma ameaça à hegemonia dessas elites. Nesse sentido, a escola verdadeiramente republicana e cidadã nunca existiu no país. Educação para os pobres sempre foi compreendida como artigo de luxo. Isso se deve ao longo desprezo da escola pública brasileira. E os mais pobres foram relegados à ignorância e ao completo analfabetismo, uma das chagas sociais que mais nos persegue e de difícil solução.

Portanto, os professores têm realizado um esforço para compreender toda a problemática em que se insere a escolarização, mas o fracasso escolar traduzido pela reprovação, repetência, evasão e abandono escolar permanece para além dos indicadores aceitáveis, levando os mestres ao desestímulo e à desmotivação no trabalho docente. É importante mencionar que muito se tem feito e muito se faz para melhorar a qualidade da escola e a aprendizagem dos alunos, mas são lentos os frutos do trabalho pedagógico que se realiza para atingir índices que evidenciem a melhoria dos resultados obtidos.

Não é exagero afirmar que cabe ao professor confiar na ação em que se pauta no cotidiano do processo pedagógico em curso na escola. Entretanto, a definição de um projeto pedagógico, fruto da prática discursiva, mediada pelo diálogo entre os sujeitos participantes da escola, constituirá uma riqueza de tematizações, objeto da problemática em que se encontram a escola e o ensino. O debate coletivo entre gestores escolares, professores, funcionários e alunos fortalece a autonomia e a democracia que se requer no convívio social escolar. A contradição que emerge da tessitura das relações sociais no interior da escola promove paulatinamente uma ruptura com as práticas autoritárias enraizadas profundamente no cerne da estrutura das relações sociais, que vinha determinando a matriz de uma educação alienada.

A educação alienada se fundamenta na racionalidade técnico-instrumental, que é a base que ancora a concepção e justifica a materialidade da sociabilidade capitalista, ou seja, muitas das tentativas de transformar a educação fracassam em decorrência da lógica em se aplicarem os conteúdos subjacentes na intencionalidade do sistema capitalista. A sociabilidade que é imposta pelo modo de produção capitalista determina o modo de produzir os conhecimentos. Aqui a dialética nos permite uma leitura crítica da organização da escola pelo currículo, seja no seu conteúdo disciplinar e estanque, seja no seu currículo oculto forjado pela negação do humano – o individualismo, a submissão ingênua, a hierarquia, o não questionamento, a disciplina autoritária – para a formação de indivíduos dóceis, facilmente manipuláveis e ingênuos. As relações sociais da educação determinadas por este modo de exigência formativa são a representação da negação do sujeito.

Para romper com esse movimento, deve-se compreender a lógica que sustenta essa concepção e empreender a transformação dos métodos e processos na base das relações sociais da educação. O professor, pela docência, se coloca como ator do processo pedagógico e, ao negar a lógica da educação alienada, liberta-se. Pela reflexão da sua prática alienada, reifica o sentido do ofício docente para a transformação da sua prática na imediaticidade do fazer docente, conscientemente superado com autenticidade diante do trabalho alienado. Aqui se situa o processo em movimento ativo, dinâmico e incessante, para fazer dessa negação uma nova prática em que, pelo trabalho intelectual, se elabora uma educação emancipatória, uma vez que se compreende e revela o conteúdo da escola que se encontra sob o domínio das relações sociais capitalistas. O desvendamento da realidade incorporado à prática docente produz uma práxis impregnada de humanidade. Se educar é humanizar, a prática de uma educação emancipadora exige o permanente rompimento com os vínculos da sociedade capitalista. Na escola, o professor precisa promover o aluno como pessoa, respeitando-o, levando às últimas consequências a defesa da dignidade humana. Portanto, aqui se forja a docência na dimensão ética do ser humano. Mas o sistema capitalista não é ético!

A organização do sistema educativo na sociedade capitalista tem o seu desenvolvimento na contradição que se explicita na relação com o mercado. O fortalecimento da economia capitalista defende, entre outros fatores, a competência dos indivíduos como força de trabalho. Essa força de trabalho melhor servirá à empresa capitalista se for qualificada. Em relação ao mercado, o sistema impõe o que é "melhor" para o indivíduo, melhor para esse tipo de sociedade. Na essência, o indivíduo melhor qualificado ou mais "competente" será mais "competitivo" e terá a perspectiva de realização pessoal com um salário maior. O problema que se detecta é que, na raiz desse modelo em que se forma o indivíduo para atender às exigências do mercado, o objetivo é formar pessoas por um sistema escolar meritocrático, no qual a competitividade gera o individualismo como núcleo central dessa formação. Assim, o egoísmo passa a vigorar como requisito para a inserção dos indivíduos no mercado capitalista.

Logo, cabe ao professor que deseja romper com essa lógica da moderna sociedade capitalista observar e fazer uma leitura crítica da sua postura e dos seus valores na sua ação docente em sala de aula. O projeto pedagógico da escola deve funcionar como um orientador de rumo da instituição escolar para o caminho do inédito viável, como diz Paulo Freire. O inédito viável se faz assim que se aprende a palavra para daí ler o mundo. Portanto, cabe ao professor fazer a crítica dos conteúdos da reforma, que foram estabelecidos como referências, parâmetros, proposta curricular e diretrizes, funcionando como conteúdos estandardizados, definidos pelo poder central como "currículo flexível", definidos externamente às escolas. Mas fazer a crítica não o impede de ensinar as competências básicas de ler, escrever e contar, bem como os conteúdos disciplinares: História, Física, Geografia, Química... e Biologia. A ação docente se pauta num foco permanente, o professor deve ensinar e acompanhar o processo de aprendizagem dos alunos. Daí se justifica a avaliação externa.

O aluno é avaliado sendo desconsiderados o seu contexto e a sua individualidade como ser social. Desse modo, os alunos são individualmente responsáveis pelas suas performances e pelo resultado da avaliação. A escola deve se limitar a ministrar os conteúdos que foram fixados pelos Parâmetros e Diretrizes Nacionais para cada nível e modalidade de ensino. A concepção de avaliação, que embasa a reforma da educação, tem o conhecimento como propriedade privada que pertence exclusivamente a determinado indivíduo, portanto, conhecimento depositado, via de regra, pode ser verificável ou medido. Aqui se explicita a lógica bancária da educação, motivo da crítica de Paulo Freire denunciada na *Pedagogia do oprimido*. Dessa forma, vemos que o conteúdo, objeto da avaliação nacional, está definido pelos Parâmetros e Diretrizes Curriculares Nacionais. Essas avaliações não levam em consideração o sucesso ou o insucesso dos alunos ao longo das suas participações nos processos escolares ou mesmo o êxito destes em outras atividades desenvolvidas ao longo do período letivo. Estabelecem os percentuais padrões e se desconsidera a realidade da escola e do sistema.

Considerando os indicadores internacionais, 5% é um percentual aceitável de reprovação no limite da tolerância do sistema educacional, trata-se de uma taxa residual. A média da reprovação no Brasil gira em torno de 30% na 1ª série e 19,8% na 2ª série do ensino fundamental. Os professores acreditam que essa média é "normal". Os professores não têm ideia da repercussão negativa que representa a repetência para o aluno e para o sistema. É péssimo para a autoestima dos alunos e caro para o país. Quando se revelam essas taxas em números, temos milhões. Os números no Brasil tornam-se imensos e revelam o tamanho do desafio a ser superado. São quase 3 milhões de crianças excluídas da escola. A reprovação é perversa para o aluno, a escola e o sistema. Nessas circunstâncias, todos perdem. O custo da repetência ultrapassa os 2 bilhões de reais, e o custo total da repetência (abandono e reprovação) é estimado em aproximadamente 6 bilhões de reais por ano. Existe uma cultura da repetência instalada como pessimismo na escola e que precisa ser transformada em otimismo pedagógico.

As pesquisas nos mostram que quanto mais se reprova o aluno, pior o seu desempenho. Para evitar isso, o ideal é não reprovar, mas recuperar em tempo a insuficiência na aprendizagem. Outra informação que as pesquisas têm ajudado a compreender sobre baixo rendimento escolar é a distorção idade/ano escolar. As camadas médias acreditam que quanto menor for a idade da criança e quanto mais "avançada" for a série que ela esteja cursando, melhor será o seu desempenho. Essa afirmação não passa de uma falácia. É uma falsa crença, baseada no senso comum.

As teorias psicológicas e a própria pedagogia têm afirmado que se deve respeitar o desenvolvimento biopsíquico e cognitivo das crianças. A unidade da relação entre desenvolvimento e aprendizagem é um binômio que deve está sempre integrado. O respeito à criança é muito importante para a sua formação integral. A criança deve ter tempo para brincar, deve ser livre para se expressar e viver os seus momentos, próprios da infância. Sobrecarregar a criança de afazeres e responsabilidades, impondo a ela uma disciplina castradora, é um modo equivocado de educar. Manifesta-se aí uma concepção de que a criança é um adulto em miniatura.

Por isso a relação idade/ano escolar deve ser uma prioridade para os sistemas de educação, visto que a sua distorção provoca um dos mais graves problemas na educação escolar da criança: o abandono da escola. Segundo dados de 2003, a taxa média de alunos com atraso e sua relação com o progresso escolar era de 34%. Aos professores é recomendável no trabalho pedagógico a avaliação criteriosa para evitar a reprovação e a repetência. Às escolas e aos gestores é preciso a renovação das práticas pedagógicas e a inovação curricular para não levar as crianças ao fracasso escolar, e, assim, evitar o insucesso e abandono da escola. Seria salutar que as escolas desenvolvessem programas ou projetos de recuperação dos conteúdos logo que verificassem as fragilidades ou o baixo desempenho de alguns alunos. É necessário garantir aos alunos ingressantes no sistema o término do ensino fundamental, mas com nível de aprendizado satisfatório para nove anos de escolaridade.

Pesquisas recentes têm apresentado informações lastimáveis sobre o analfabetismo escolar. Crianças concluem a 8ª série (9º ano) com nível de 4ª série (5º ano). Crianças da 4ª série terminam com nível de 2ª série (3º ano). Crianças da 2ª série não sabem ler nem escrever. Portanto, os resultados das avaliações do Saeb e do Enem estariam longe dos perfis desejados caso não se olhasse a realidade da escola. Conscientes dessa realidade, os professores têm se esforçado para a melhoria do nível dos alunos ano a ano. Mas é impossível, para o aluno com o *deficit* de aprendizagem e conteúdo que se encontra hoje, reverter essa cruel realidade de forma tão rápida. Se a avaliação não for sensível a esta situação concreta de como se encontra a escola real, pouco servirão esses resultados para a melhoria do sistema.

A fixação de metas, à luz do IDEB, a serem alcançadas pela escola e pelo professor deve necessariamente ser acompanhada por um trabalho paciente de formação focado na aprendizagem do aluno. Os avanços deverão ser qualitativos e não em saltos. Em educação não existe ação de êxito se a experiência não contribui para a reavaliação dos problemas do sistema. Os resultados dessas avaliações devem convergir para fomentar a cooperação na escola entre os seus sujeitos participantes. Se a avaliação serve para premiar, desconfiemos da sua validade, pois a escola pode se servir desse modelo de avaliação para fortalecer um sistema de disputa entre as escolas ou entre os alunos. Em geral as referências a esse tipo de motivação servem muito mais para promover a competitividade e o individualismo, consolidando, dessa forma, um tipo de educação: a educação alienada.

Devemos ter claro que, por princípio, a avaliação deve ser útil para orientar ações corretivas para a melhoria constante do sistema e não apenas para o fortalecimento do modelo de educação alienada. A constituição de um modelo de educação solidário necessita da nossa contínua vigilância diuturnamente para o desempenho de práticas educativas para a liberdade e a emancipação humana. Na perspectiva de uma educação emancipatória, a valorização do professor deve se constituir como uma prioridade. O professor é submetido a situações degradantes, com baixos salários, precárias condições de trabalho, além de estar sujeito a humilhações que aviltam a sua dignidade como pessoa e como professor – tudo isso o leva à completa desmotivação para o trabalho de formação de seres humanos e cidadãos íntegros. Esse sistema de submissão a que o professor é colocado caracteriza-se como trabalho alienado. Parte do fracasso da educação no Brasil se deve ao conteúdo insuperável da organização da escola diante da alienação do trabalho docente. O conteúdo desse trabalho é em parte explicitado pelas dificuldades que o professor enfrenta no dia a dia da sua ação docente na sala de aula. A forma como o professor assume a sua condição de trabalhador o impede de refletir sobre a situação das relações pedagógicas com os alunos e as suas dificuldades. Como é sabido, o professor, para ter condições de uma boa remuneração e um trabalho condigno, sujeita-se a dar aulas em várias escolas. Na sua rotina corre de uma escola para outra a todo momento, o que o leva à fragmentação de sua prática e, o mais grave de tudo isso, para um salário de hora-aula insignificante. Além disso, esta é uma caracterização de um tipo de trabalho diferente, pois a docência é caracterizada como formação humana. O processo capitalista e a divisão social do trabalho negam o ser humano. Na docência, o processo capitalista desestrutura o professor como pessoa, pois, como é do conhecimento de todos, o ofício docente é marcado por um trabalho cognitivo, mental, emocional, carregado de sentido e ética.

Se o professor não tem tempo para planejar suas atividades, para estudar, para elaborar com antecedência suas aulas pela exorbitante carga horária diária de trabalho... pergunta-se: como exigir que ele se envolva com o planejamento pedagógico na escola? Como elaborar aulas dinâmicas com metodologias diferenciadas que leve o aluno a apreender coisas novas? Como levantar questões desafiadoras que levem os alunos ao aprofundamento do conteúdo estudado? Como o professor vai se preparar perante os problemas que a sociedade e as famílias acreditam ser solucionados na escola? Como o professor vai se preparar para o domínio da gestão do grupo, da classe e do conhecimento diante da indisciplina, da violência e da agressividade de alguns alunos? Como trabalhar com atenção individualizada?

A realidade do trabalho docente é muito mais complexa do que a melhor das teorias para explicá-lo. O professor isolado na escola torna-se refém de um sistema em que o acesso e a universalização chegam aos 98% das crianças em idade escolar, mas no qual somente 89% concluem a 4ª série (5º ano do ensino fundamental) e apenas 65% terminam a 8ª série (9º ano) do ensino fundamental, e destes, 45% concluem o 3º ano do ensino médio. A produtividade do sistema é problemática, mas enquanto as variáveis – valorização do professor, trabalho docente e formação do professor – não tiverem a devida atenção das políticas públicas de educação e os governos não priorizarem a educação como política de Estado, muito difícil será promover uma educação em que se aprenda, se crie, se inove e se ensine, fazendo com que a escola promova qualidade, e enquanto instituição social ressignifique a vida para uma sociedade democrática. Segundo informações de 2002, de cada 100 alunos ingressantes na 1ª série, apenas 57 conseguem concluir o ensino fundamental, gastando em média dez anos.

Portanto, muito se tem a fazer. Algumas iniciativas podem ser realizadas para a melhoria da escola. O aumento da carga horária em Português e em Matemática pode se constituir numa ação estratégica para obter o desenvolvimento de experiências, e deve-se aumentar também o tempo escolar com a proposta da escola de tempo integral.

Quanto maior o tempo de permanência na escola, mais bem estruturada deve ser a escola, para atender às necessidades integrais da criança e do adolescente. Um currículo diversificado, espaços e tempos apropriados às atividades curriculares, professores bem pagos, capacitados, motivados, todos esses elementos articulados por um projeto pedagógico definido coletivamente pelos sujeitos que fazem a escola. Isso contribuirá para aproximar os pais, os responsáveis e a comunidade no fortalecimento da unidade escolar. Não nos esqueçamos que fazer escola exige um trabalho exaustivo de equipe, de colaboração contínua e um grupo gestor capaz de dirigir pessoas que são diferentes, com passados diversos, com história de vida própria, e que devem trocar, somar e dividir para multiplicar e alcançar as conquistas pretendidas e acordadas pelo grupo. Outrossim, aqui se relaciona uma outra contradição: é na docência que se exige do professor um trabalho em grupo, mas o que vemos é que o trabalho do professor, atualmente, é um trabalho profundamente solitário, ou seja, ele se faz por uma dimensão simultaneamente solitária e solidária. É uma combinação de paradoxos.

A reforma da educação que se realiza no Brasil configura-se no âmbito da reforma do Estado, que se desenvolve como parte do modelo de modernização imposta pelas políticas advindas do Consenso de Washington como exigência para o país se inserir no sistema perante a nova ordem internacional: a economia globalizada. Nesse sentido, a tese da reforma é que a educação pode contribuir para a erradicação da pobreza no país, o que de fato está longe de se realizar. Não podemos negar avanços proporcionados pela reforma, mas inseridos como política neoliberal; não nos iludamos, isso não resolverá a problemática da educação brasileira. Os velhos problemas da educação no Brasil permanecem sem solução, apesar de mudanças qualitativas e quantitativas operadas como objetivos da reforma. Perseguem-nos o analfabetismo e a exclusão dos segmentos menos favorecidos na vida social decorrentes da educação e da universalização do ensino em todos os níveis. Historicamente as reformas têm existido para que ocorram mudanças apenas aparentes, mas que nada alteram na essência. Não nos enganemos: a superação dos problemas da sociedade capitalista implica na superação do próprio capitalismo. Isso não significa que devemos cruzar os braços e esperar passivamente que o mundo melhore, mas não podemos ser ingênuos a ponto de aceitar as coisas como elas nos chegam. Necessária se faz a crítica para aguçar a inquietude do espírito diante das injustiças do mundo.

Neste panorama é que emerge a relação educação/sociedade. A concepção de uma educação emancipadora deve permitir a formação de uma consciência autêntica para a gênese de uma nova utopia a fim de alimentar a esperança da humanidade em busca de uma sociedade fraterna.

3 POR UMA ESCOLA DE EXCELENTE QUALIDADE

A vulnerabilidade do sistema de educação atualmente é uma realidade. Os indicadores recentemente divulgados pelo Estado apontam a necessidade de intervenção na condução das políticas públicas educacionais. Os resultados quantitativos são parte de um processo dominante em que se observam os primeiros movimentos em torno da reforma na educação em curso no Brasil. É preciso fortalecer os princípios da reforma.

Para compreender esse conjunto de ações, deve-se entender a sua implementação. Os investimentos por si só não garantem o sucesso esperado. Educar é humanizar. E não se constitui um ser humano pleno de uma hora para a outra. Portanto, os prazos em educação exigem a paciência cujo tempo se consubstancia no amadurecimento, na sensibilidade, na perspectividade. O trabalho em educação significa tratar permanentemente do inacabado. O projeto de melhoria do ser humano exige humildade e ousadia de reconstrução. Assim, a escola deve ser transformada por um *habitus* pedagógico. Educação é processo.

O desafio de fazer educação de excelente qualidade é desenvolver uma proposta pedagógica centrada na aprendizagem. As novas orientações curriculares, definidas pelo MEC, têm como pressupostos metodológicos a dimensão epistêmica construtivista. Desse modo, é importante que o professor tenha o domínio da referida metodologia para o trabalho que será desenvolvido, tendo como foco a aprendizagem. A responsabilidade do professor não deve se limitar a transmitir conteúdos. O planejamento pedagógico numa visão estratégica, a articulação interdisciplinar dos conteúdos e a leitura aprofundada das temáticas transversais são formas de organização do trabalho escolar que, por meio da pedagogia de projetos, têm se constituído em um poderoso instrumento para acompanhar a aprendizagem. Existem técnicas fundamentadas cientificamente que possibilitam o acompanhamento e a evolução dos níveis de aprendizagem daquele que aprende. Portanto, qualificar a escola para garantir resultados positivos exige que a formação dos professores seja garantida. O professor tem que ser motivado, ter segurança e suporte pedagógico para fortalecer o seu trabalho. Educar exige a definição de objetivos e a clareza em atingi-los. O que sugere o êxito do trabalho docente é a avaliação, sobretudo se esta for elaborada com o cuidado em zelar pela mediação dos propósitos da ação docente.

O que caracteriza o ato de educar é o processo em que se estabelece no contexto da aprendizagem: o professor é um sujeito epistêmico, mas o aluno é sujeito cognoscente. Nessa relação entre sujeitos nada está garantido. A confiança dos sujeitos não assegura os resultados esperados. É um processo de conquista de ambos os lados e a avaliação deve servir para fortalecer as conquistas e ajudar a superar aquilo que ainda não se conseguiu atingir.

Portanto, a articulação no planejamento educacional, na definição de objetivos, no processo metodológico e na avaliação constitui elementos fundamentais para a integração e a validade do que se pretende no currículo.

Outro elemento de grande importância para a melhoria da escola é a carga horária. Verifica-se que esse indicador é um dos mais críticos em comparação com os países desenvolvidos, ou mesmo entre os nossos vizinhos da América Latina. Considerando que em casa a criança nem sempre é estimulada a estudar e a cumprir as tarefas da escola, que nem sempre há um adulto por perto que possa ajudá-la, entre outros problemas, é muito pouco o tempo que a criança é submetida às atividades escolares. A questão que se coloca então, para frisar mais uma vez, é como se deve ampliar o tempo de permanência da criança na escola?

É preciso que os governos priorizem a educação e promovam a escola como metassíntese em suas gestões, seja nos estados, seja nos municípios. É na escola que se forma um país e se educa uma nação.

Investimento para uma escola de excelente qualidade

O resultado geral do Enem, realizado em 2005 e divulgado recentemente pelo MEC, pode ajudar na compreensão dos caminhos para a construção de um projeto de escola em que a qualidade do ensino é o foco para formação dos futuros cidadãos.

As informações que apontam os resultados dos alunos com maior pontuação, no referido exame, podem contribuir para uma leitura em que o núcleo central da qualidade da educação encontra a sua base em três elementos fundamentais: o projeto pedagógico, a infraestrutura e o quadro docente da escola. O que dizem esses elementos para os gestores das escolas brasileiras? Observando os resultados do último Enem, verifica-se que o investimento financeiro para a formação de qualidade chega a uma cifra aproximada de US$ 3.000,00 (3 mil dólares) por aluno/ano. Com o Fundeb isso implicaria na média de investimento por aluno, o que fica aproximadamente em R$ 800,00 (oitocentos reais). Há necessidade, por isso, de um vultoso aumento nos recursos que são destinados em média por aluno/ano no Brasil. Uma escola pública de qualidade requer mais do Estado. É preciso considerar o valor destinado para o orçamento das políticas sociais, particularmente da política de educação, como prioridade, para que, num prazo de dez anos, o país possa colher dos sistemas de educação os primeiros efeitos consequentes da melhoria na atenção de que necessita a escola.

O diferencial do projeto pedagógico da escola se verifica no desenho curricular e no suporte de acompanhamento dos alunos para garantir o ensino e a aprendizagem. Necessário se faz que a escola tenha um rumo, e o projeto pedagógico pode formalizar o contrato em que gestores, professores, funcionários e pais possam pensar juntos sobre quais caminhos devem ser adotados, aonde se quer chegar, quanto se pretende atingir. Ou melhor, não se faz escola sem uma proposta pedagógica, sem que se expliquem os objetivos, as diretrizes, as metas, os prazos do que se quer alcançar, quanto se pretende atingir, qual a intencionalidade pedagógica. O projeto político-pedagógico é uma carta de intenções em que se define a função social da escola. É preciso que os gestores articulem o planejamento do sistema com o da escola, para que o professor, compreendendo o significado do que se quer obter, assuma o compromisso de garantir o processo de aprendizagem e a aquisição dos saberes necessários requisitados pela sociedade diante das velozes mudanças que ocorrem no mundo contemporâneo, sem perder de vista o desenvolvimento de competências, habilidades e atitudes como exigência para a vida em tempos de globalização.

É uma falácia o que algumas escolas estão fazendo com as crianças ao adotar os conteúdos da série seguinte como forma de "avanço", como se isso fosse adiantar e garantir a aprendizagem da criança. As escolas que adotam essa prática nefasta esquecem que a criança necessita de um tempo de amadurecimento para a fixação dos conteúdos relacionados àquele ano de estudo, e que estes possibilitam as estruturas cognitivas de assimilação. Nesse sentido, o requisito que falta para qualificar o processo escolar reside no tempo de permanência da criança na escola. No Brasil, pesquisas indicam que esse tempo médio não ultrapassa três horas. Portanto, é urgente repensar como se deve no mínimo dobrar para seis horas, estendendo-se mesmo até oito horas a permanência da criança na escola. Muito já se fez, como por exemplo: calendário escolar com duzentos dias letivos; início dos estudos aos 6 anos de idade; aumento do tempo de escolaridade no ensino fundamental para nove anos. Mas ainda falta muito para o estabelecimento da escola de período integral, a fim de que a criança tenha, além do período de aula normal, outras atividades de reforço consideradas importantes para o sucesso escolar.

Outro requisito sugerido para a qualidade na escola é o investimento na infraestrutura. Na maioria das escolas, a estrutura física é muito precária, deixando muito a desejar. Às vezes falta o básico na escola. Como se conceber uma escola sem biblioteca? É necessário que haja boas salas de aulas, mas também biblioteca, modernos laboratórios, quadra, pátio, banheiros limpos, salas de leitura e estudos, salas de multimeios, almoxarifado, salas para professores etc. Esses espaços exigem permanente manutenção, reparo e asseio. A escola deve ter uma estrutura que conquiste a criança para a sua permanência com conforto e tranquilidade.

Mas a grande diferença no fazer escola é o seu quadro docente. Os resultados nacionais do Saeb, que avalia por amostragem alunos de escola pública em Português e Matemática, no recorte das informações sobre os professores, deixam claro que os alunos de professores com titulação de doutor se saem melhor nos exames do que os alunos de professores que possuem apenas mestrado. Os alunos de professores com mestrado se saem melhor do que os de professores especialistas, e os alunos de professores com especialização também se saem melhor, no Saeb, em comparação com aqueles alunos de professores apenas com o título de graduação – a licenciatura. Esses dados apontam pequenos percentuais de diferenças, mas o que de fato merece destaque nestas referências é a tendência: o professor quanto mais investe nos seus estudos, inclusive com a crescente titulação – especialização, mestrado e doutorado –, isso, em parte, repercute como vantagem para os alunos. É interessante notar que, observando o indicador do professor que participou da semana pedagógica promovida pela escola, os alunos desses professores se saem melhor do que aqueles alunos de professores que não participaram. Vejam que essas breves sugestões nos deixam uma lição: é inconcebível a melhoria da escola se não houver uma profunda mudança de mentalidade dos professores. É preciso investir na formação de professores, incentivando-os com vantagens, motivando-os para o trabalho, melhorando substancialmente os seus salários e a sua autoestima. O professor, para realizar dignamente o seu trabalho, precisa ter dedicação integral à escola, o que possibilita uma maior atenção aos alunos.

A formação do professor deve ser revista com base nas novas orientações e com as modificações sugeridas pelas diretrizes curriculares. Os cursos de graduação iniciam um longo percurso de transformação para inovação do conteúdo dos currículos. Na realidade não basta uma boa formação, é necessário que o professor tenha consciência de que é sua obrigação continuar estudando, a fim de aprimorar e atualizar os conhecimentos adquiridos. Os itens analisados anteriormente – projeto político-pedagógico e infraestrutura – somente poderão ser potencializados se os professores estiverem preparados para utilizar esses recursos como ferramentas do trabalho diário. A escola precisa estar dotada de equipamentos, de recursos e materiais que possam auxiliar o planejamento das aulas, tornando-as dinâmicas e enriquecendo o seu conteúdo, facilitando a aquisição dos conteúdos e a aprendizagem. Aqui se integram os elementos referidos: projeto político-pedagógico, infraestrutura e quadro docente.

O conhecimento renovado e a experiência do professor são peças da maior relevância para a reflexão e a ação criativa, o que ajudará a transformar os espaços e os tempos escolares. Assim, é muito importante formar bem o professor. O domínio sobre a aprendizagem e a aplicação de metodologias construtivistas forma, com o plano de atividades da disciplina, o núcleo principal que norteia a ação docente. O professor que não planeja se limita ao improviso. Em educação cabe sim o improviso, mas a partir do que se planejou. O professor não pode ensinar aquilo que não conhece, mas é possível que isso ocorra se em suas atitudes não estiverem presentes a abertura para aprender coisas novas sobre a sua área de ensino e as abordagens didático-pedagógicas, a fim de gerar a interação entre as concepções em que acredita, os saberes docentes e sua prática de ensino. Só assim se consolida o trabalho docente como uma práxis interativa, criativa, intensa, mais amorosa, afetiva e dialogal.

A ideia de trabalhar com a pedagogia de projetos viabiliza a interdisciplinaridade no interior da escola e enriquece o universo escolar, agindo para a integração transversal dos conhecimentos e habilidade que se tem por intencional na formação do aluno. O professor realiza plenamente o seu trabalho ao interagir com os demais conhecimentos dos alunos, fazendo outra a humanidade. Portanto, a docência ocupa a centralidade da organização do trabalho escolar.

Nenhum desses fatores (projeto político-pedagógico, infraestrutura e corpo docente) deve ter preponderância absoluta um sobre o outro. O excesso de um prejudicará o todo diante da insuficiência do outro. Nenhum deve aniquilar o outro. Mas um deve contribuir para a correção dos demais. Não é nenhum segredo o que se abordou até aqui. As escolas devem definir a sua identidade, focando prioridades, passando por avaliação – interna e externa –, replanejando metas, redefinindo ações e recriando os seus projetos. A escola que é focada no pedagógico possui um padrão que pode ser revisto, corrigido e aperfeiçoado, tem definida e clara a sua visão, que impulsiona a gestão pedagógica na perspectiva de promover sempre uma educação de qualidade.

4 A QUALIDADE NA EDUCAÇÃO

Para compreender o fenômeno dos indicadores da Educação no Brasil, é necessário reconhecer o avanço conseguido na escolaridade básica. Esse avanço muito se deve à prioridade pelo investimento na educação básica das nossas crianças. O grande instrumento que permitiu essa verdadeira mudança no campo educacional foi a edição do Fundo de Manutenção e Desenvolvimento do Ensino Fundamental e de Valorização do Magistério (Fundef). Trata-se de uma lei contábil de 1996, que determinou um percentual para a educação, considerando o número de alunos matriculados na escola pública de ensino fundamental.

O Fundef cumpriu o seu papel e após quase dez anos foi substituído pelo Fundeb, que ampliará a cobertura de recursos, agora extensivo da educação infantil até o ensino médio, abrangendo toda a escolaridade básica. Os investimentos do financiamento da educação pelo Fundeb ocorrem desde 2007 e dentro de quatro anos, a partir dessa data, deve atingir o total de 4,5 bilhões de reais. Com o Fundef conseguiu-se colocar 97% das crianças em idade escolar na escola. Isso provocou um avanço nunca antes visto na política educacional brasileira. Mas todo esse esforço, por anos seguidos, pode ser em vão se a cada ano os estados e especialmente os municípios não se preocuparem com as matrículas daqueles seguimentos de crianças excluídas do processo educativo escolar. A luta de colocar toda criança na escola deve se constituir em ação permanente dos governos.

Mas os números divulgados pelos indicadores de qualidade da Educação ainda estão muito aquém do que se esperava com a devida reforma. A qualidade em educação é definida pela excelência. Os critérios que podem orientar a qualidade são determinados pelo conteúdo de produção da instituição escolar: o que se produz? Em quando tempo? Quem são os sujeitos beneficiados? Qual o impacto ou as mudanças na melhoria das condições para a afirmação do sujeito? A qualidade exige a relação dialética entre quantidade e qualidade. O desafio pela excelência na qualidade exigirá, para além de colocar todos na escola, uma estratégia de qualificação dos recursos no interior da instituição escolar. Portanto, é necessário definir no planejamento os objetivos, as atividades e os prazos. É importante estabelecer e cumprir as metas. Para efetivar esse empreendimento cabe a determinação de metas, na esfera estadual, no Plano Estadual de Educação; no marco municipal, a definição do Plano Municipal de Educação; e no âmbito da escola, a definição do Projeto Pedagógico. Nesses documentos deve constar o que se quer conquistar com a clareza dos resultados a serem atingidos ano a ano. O foco deve estar em ações que possibilitem a sua devida "qualificação" da atividade formativa para se avaliar, enquanto meta, o que de fato foi atingido após um ano, considerando os níveis de ensino regular: infantil, fundamental e médio. Possivelmente um dos graves problemas que atualmente persiste na educação brasileira é o baixo desempenho escolar das nossas crianças.

Segundo informações de pesquisa realizada no nordeste brasileiro, especificamente no estado do Ceará, é do nosso conhecimento que parte das crianças estavam concluindo o 9º ano do ensino fundamental com nível de 5º ano. Chegavam ao 3º ano sem saber ler, escrever e contar, ou seja, não conseguiam o mínimo exigido na conclusão de sua escolaridade. Aliado ao baixo rendimento escolar, outras questões, como evasão, repetência, dificuldade de aprendizagem, compõem o quadro do que se convencionou chamar de fracasso escolar. Essa situação é passível de mudança e parte da resposta nós podemos encontrar nas experiências desenvolvidas nas universidades, nas escolas, e nas próprias intervenções das secretarias de Educação. Em algumas dessas instituições existem atividades sistematizadas com êxito, desenvolvidas e acompanhadas pedagogicamente a cada conjunto de práticas implementadas nos sistemas de ensino ou desenvolvidas pelas escolas. Com a aprovação do Parecer n. 06/2005 do Conselho Nacional de Educação (CNE), que sugeria a ampliação dos anos de educação básica, e com a edição da Lei n. 11.114/05, tornou-se obrigatória a matrícula da criança na escola já aos 6 anos, ampliando em nove anos o ensino fundamental.

Portanto, é necessário evidenciar um movimento pedagógico para que a criança permaneça na escola o maior tempo possível, garantindo com isso o seu envolvimento tanto com tarefas do currículo regular, quanto com outras atividades – artísticas, culturais, esportivas e de lazer –, sem esquecer a pesquisa, a internet e os cuidados com a saúde e a alimentação. Essa prática se inicia com a recuperação da estrutura física das escolas, com a ampliação dos espaços educativos – salas de aulas amplas e confortáveis, quadra poliesportiva, pátio coberto, biblioteca, sala de multimídia. Em suma, é preciso tornar a escola um excelente equipamento de uso social. É relevante destacar a valorização dos professores, por isso formá-los continuamente, atualizando-os e capacitando-os para sua constante qualificação pedagógica, e também os remunerando com salários dignos e competitivos. Isso os motivará no trabalho, além disso, atrairá jovens talentos para a docência. Por fim, a ideia da escola única e com tempo integral, pois que nela a criança se desenvolverá como cidadã. Junto ao projeto do Fundeb, encontra-se a criação por lei complementar do Piso Salarial Nacional para os Professores, no valor de R$ 950,00 (950 reais). É necessário o aperfeiçoamento da gestão, a preparação do quadro gestor – diretores, supervisores, coordenadores, técnicos e secretários – para o compromisso com o modelo de gestão transparente e democrática, propondo a elaboração de programas diferenciados, criativos, que atendam as carências e promovam a melhoria do sistema e das escolas.

Faltam-nos recursos, mas não devemos subestimar a complexidade do quadro educacional. Muitas decisões, na área da educação, dependem de outros setores para obter êxito na resolução dos problemas educacionais que ora são elencados. A sensibilização dos governantes para o fenômeno educativo é fundamental para que se compreenda a importância de formar recursos humanos altamente qualificados. Assim, o investimento na educação é relevante para a superação do quadro dramático de pobreza, violência e injustiça social que vivenciamos no Brasil. A educação por si não faz a mudança social, mas é reconhecidamente um dos setores estratégicos para a transformação da sociedade: não se faz uma sociedade para o novo tempo sem formar um novo ser humano.

5 A ESCOLHA DA ESCOLA POSSÍVEL

O final de um ano letivo é marcado sempre por um reinício de atividades, tendo em vista o ano seguinte, que se inicia com a renovação da escola, seja na educação infantil e no ensino fundamental, seja nos anos do ensino médio. Na maioria dos casos, a grande ansiedade é bem maior por parte dos pais do que mesmo das crianças.

Mas como fazer a opção mais acertada para a escolha da escola do meu filho ou filha? O conteúdo aqui abordado dará pistas que poderão ajudar na livre escolha de uma ou outra escola. Seria muito importante que, do ponto de vista de escola pública ou particular, os pais fossem esclarecidos quanto ao projeto pedagógico da escola. É esse documento, que deverá ser elaborado coletivamente por todos que fazem a instituição escolar, que servirá de guia da organização do processo escolar. Em outros termos, poderíamos dizer que se trata de uma espécie de carta de navegação da escola: de onde se parte, para qual destino se quer chegar. Portanto, é muito importante para os pais conhecer quais as intenções que a escola se propõe a perseguir do ponto de vista didático, metodológico e do entendimento do processo de ensino e aprendizagem nos seus fundamentos.

Outro ponto que deve ser objeto de esclarecimento dos pais é a questão da avaliação. Como a escola avalia seus alunos? Em muitas situações, temos observado que as escolas apresentam um discurso avançado e progressista quanto à definição da sua proposta pedagógica, mas, sem se dar conta, caem numa contradição quanto se verifica os métodos de avaliação. Em geral se observam dois procedimentos padrões: aplicação de provas mensais e bimestrais e apenas uma recuperação, prevista para o final do ano letivo. As experiências escolares indicam que o correto é aplicar a recuperação logo após o resultado de cada processo avaliativo. A avaliação deve articular o desenvolvimento biológico, cognitivo e sociocultural com a aprendizagem. Mas por vezes o que se faz na prática é a aplicação de uma prova do conteúdo estudado, sem considerar esses elementos, tomando a nota desse teste como resultado final.

Outro elemento é o calendário escolar. A seriedade da escola pode ser observada pelo cumprimento legal do ano letivo, que deve ser de duzentos dias. O calendário nas escolas públicas em geral é sempre definido pelas secretarias de Educação, e no caso das escolas privadas é por meio do Sindicato dos Estabelecimentos Particulares.

Com a edição da Lei n. 11.114/05, a partir de 2006, o ensino fundamental passou para nove anos. As escolas deverão atender a nova lei recebendo as crianças para os anos iniciais do ensino fundamental a partir dos 6 anos. Agora os anos do ensino fundamental irão do 5º ao 9º ano. Na realidade já se fazia o que essa lei passou a exigir.

Entretanto, trata-se da ampliação do processo de alfabetização, e é sobretudo o esforço de equiparar os anos de escolaridade no Brasil com os anos dos demais países da América Latina, nos quais a educação básica chega a ser constituída de até doze anos.

Além das sugestões mencionadas, os pais devem ficar atentos ao acompanhamento pedagógico. A escola deve dispor de profissionais ou serviços que estejam a postos para dar suporte às dificuldades ou orientar os alunos quando necessário, atendendo-os naquilo que seja indispensável para o seu amadurecimento, ou mesmo para a aprendizagem escolar. A programação bimestral da escola deve prever reuniões com as famílias para trocar informações sobre a educação doméstica e a vida escolar da criança. Algumas escolas promovem cursos com especialistas para auxiliar os pais na formação dos filhos. Para a comunicação diária com a família nos anos de educação infantil e do ensino fundamental, as escolas adotam a agenda escolar.

Para uma boa escolha é preciso que os pais visitem escolas acompanhados pelas crianças ou pelos jovens, para que eles tomem conhecimento, tirem suas dúvidas e possam fazer a escolha de sua preferência junto com os pais e de forma madura e consciente. Várias escolas fazem seleção para ingresso de novos alunos. Se você tem filhos pequenos, não se preocupe, eles terão discernimento para participar da seleção à qual serão submetidos. Nesse período de início do ano letivo as escolas determinam um tempo especial, destinado à adaptação dos novos alunos.

Isso constitui um excelente instrumento pedagógico, no qual alguns elementos básicos são trabalhados, como a segurança, a timidez, o relacionamento, entre outros, o que contribui para que o aluno possa melhor identificar-se com as referências da nova escola em que está matriculado.

Não se pode, também, deixar de alertar aos pais ou responsáveis que levem em conta na sua decisão a infraestrutura. A escola deve ter salas amplas, bem iluminadas, limpas, ventiladas e confortáveis, biblioteca, laboratórios, quadras, pátio, parque para recreação, cantinas ou cozinhas e banheiros com higiene adequada. Se a escola é de tempo integral ou possui creche, esses elementos devem ser rigorosamente avaliados pelos responsáveis da criança a fim de evitar aborrecimentos ou mesmo surpresas desagradáveis. A estrutura curricular da escola de educação básica no Brasil é muito semelhante, mas é oportuno o conhecimento da instituição para que os pais saibam quais serão as disciplinas e atividades que constituirão o currículo do ano letivo de seus filhos. Seria interessante o questionamento do número de alunos por turma. O mais adequado na educação infantil é uma turma composta por no mínimo dez e no máximo trinta alunos. A escola deve dispor, até o jardim da infância, de uma professora e de uma auxiliar para ajudá-la no cotidiano escolar, nas atividades e no cuidado com as crianças. Até o 5º ano do ensino fundamental, o ideal é que a sala não tenha mais do que trinta crianças. Do 5º ao 9º ano, o ideal é não ultrapassar quarenta crianças. No ensino médio, como se pressupõe a autonomia dos alunos, a turma pode chegar até cinquenta alunos no máximo. A medida adequada para uma sala de aula deve ser de um metro quadrado por carteira escolar, além de ter um espaço de seis metros de comprimento e um de largura entre as primeiras carteiras e o quadro, para a livre circulação do professor.

Se com todas essas pistas a dúvida persistir, uma conversa com os pais dos alunos veteranos poderá contribuir para a formação de um juízo crítico sobre o conjunto da escola nas suas diferentes práticas educativas e ações pedagógicas. Mas não se esqueça de que o sucesso dos filhos se faz muito pela presença dos pais no dia a dia, acompanhando, incentivando, cuidando para que se possa formá-los de maneira integral. Saiba que a vida não oferece atalhos, portanto, também é responsabilidade dos pais a educação em família.

6 A GESTÃO ESCOLAR EM TEMPOS DE CRISE

Vivemos um tempo de predomínio das racionalidades, das linguagens, dos códigos e das interpretações. Assim, falar de gestão da escola é por demais complexo. Vejamos: o conceito de educação nos leva à formação que dá conta da humanidade no outro. Esse é o grande significado do ato de educar, fazer o outro ser humano, radicalmente humano. Nesse sentido, a educação se pauta por uma racionalidade profundamente ética. É sabido que a lógica da sociedade capitalista tem no seu núcleo central a valorização do valor, ou seja, no mundo capitalista a sociedade hegemônica se fundamenta na racionalidade técnico-instrumental. É um tipo de racionalidade própria da estrutura capitalista, que tem na produção do capital, no lucro e na acumulação de riqueza os eixos que orientam as relações sociais.

Portanto, a gestão da escola se fará por uma tensão permanente: como conciliar racionalidades tão distintas que se fazem presentes na vida cotidiana da escola? Ou seja, como promover a humanidade por meio de uma instituição escolar que atua com base nas relações de mercado? É possível a inter-relação entre essas duas esferas de racionalidades circunscritas a lógicas tão distintas em que, por um lado, se afirma a necessidade de edificação do humano, e, por outro, se radica a perspectiva do lucro? Ao fazer a gestão escolar se deve ter clareza dessas situações assimétricas, paradoxais e inconciliáveis.

Considerando o campo situacional em que se coloca a escola na sociedade pós-moderna, profundas mudanças alteraram o saber-fazer educativo. O conhecimento e a aprendizagem sofreram rápidas e novas interpretações. O ensino passou por transformações que modificaram o sistema de funcionamento didático. Métodos de ensino tornaram-se obsoletos diante das novas referências em que se fez a emergência de linguagens e códigos. A plasticidade do mundo trouxe uma nova condição para a decodificação da realidade por meio da flexibilização. A vida nesta nova ordem social ganhou alusão ao diverso, à diferença e à multiplicidade. Para traduzir essa dinâmica, a disciplinaridade é insuficiente. Daí o chamamento à interdisciplinaridade.

A economia neoliberal, estruturada sob a tecnologia da informação, criou as condições de possibilidade para gênese de cadeias e fluxos de capitais que migram com rapidez e velocidade, tornando o mundo global. Qual foi a repercussão disso na educação? Como foi que esse impacto afetou a escola? Diante dessas novidades como fica a gestão da escola? A globalização aproximou as pessoas em escala mundial. Será que estamos fazendo nascer outro mundo possível? O mundo virtual exige a digitalização, a miniaturização, a conexão sem fios e a convergência *on-line* que permite a integração da comunicação entre pessoas, computadores e máquinas. O mundo está plugado. No momento em que houve a queda do muro de Berlim, janelas foram abertas anunciando outro tempo, espaços e redes. A *World Wide Web* (www) é caracterizada por um sistema que viabiliza a articulação de protocolos abertos interconectados. Diante dessas ações, quais as influências que poderiam apontar caminhos para a gestão-escola?

O mundo mudou. E mudou numa velocidade nunca vista anteriormente. A mais importante lição para a gestão da escola é a necessidade da mudança permanente, como instituição aprendente, adequando-se de forma crítica às circunstâncias do novo tempo. Mas essas mudanças devem chegar aos professores e às salas de aula.

A gestão escolar baseada no conhecimento traz como modelo a pedagogia da competência, que muito se aproxima da racionalidade técnico-instrumental. O risco é este: para que serve o desenvolvimento de competência se esse modelo se limitar a sua dimensão prescritiva? Se a utilização das tecnologias for útil apenas para a manutenção do controle, o resultado será o enrijecimento da hierarquia, tornando a gestão mais rígida e centralizada. A escola como *locus* de formação humana é espaço de diálogo, de trocas, de vida. Portanto, é uma instituição diferente e que deve ser reorientada a fim de que se permita a vivência coletiva entre gestores, professores, funcionários, alunos e a família, para que se fortaleça a interação entre os grupos e se faça uma organização autêntica, respeitando as singularidades na pluralidade dos sujeitos. O gestor cumprirá a função de administrar a comunicação entre os sujeitos que compõem a escola, mediando o poder e as relações em busca de definir consensos, desvelando as tramas, encerrando os conflitos e, assim, afirmando a transparência e a democracia.

As escolas enfrentam problemas devido à falta de renovação dos seus modelos de gestão, que se esgotam e se tornam deficientes, não respondendo, assim, às novas situações exigidas pela sociedade. A escola que se faz hoje é diferente da do passado, e possivelmente no futuro as escolas existirão de forma a se adequar às necessidades da vindoura realidade. Não existe escola melhor ou pior. Mas é interessante perguntarmos: por que existem escolas que fazem mais sucesso que outras? Você na sua escola já perguntou aos seus pais o que eles querem que você aprenda para lhe servir no futuro? Perguntamos às crianças o que elas desejariam aprender? E por que a escola não lhes ensina? E os professores, o que dizem sobre essas respostas? Boas reflexões podem gerar excelentes respostas para as mudanças a serem promovidas na escola. A função do gestor é gerenciar o futuro. A escola tem que evoluir se atualizando conforme o novo tempo: qual o diferencial da sua escola para os pais? Para os alunos? Para os professores e técnicos? Qual é a ênfase que a gestão da escola tem apontado no projeto pedagógico? E como isso aparece no currículo? Esse diferencial, como aparece na sala de aula? A educação encontra-se no núcleo central da sociedade do conhecimento pelo qual estamos a fazê-la. A gestão exige permanentemente a melhor tomada de decisão para a organização. Cabe ao gestor gerenciar o conhecimento. Na escola, isso implica a socialização do conhecimento e da informação junto a parceiros. A eficiência na gestão acumula conhecimentos que devem ser compartilhados com aqueles que fazem a organização.

Os tempos são outros e, por isso, devemos ficar em alerta para os paradigmas que passam a ditar as regras do novo contexto. Atualmente a questão determinante é a qualidade do processo ensino/aprendizagem. A busca pela universalização e a democratização da escola pública é uma luta de toda a sociedade, o que provocou uma melhoria substancial da atenção do Estado em vista à prioridade para as políticas sociais, especialmente as destinadas ao atendimento das pressões da sociedade civil organizada. O avanço da política educacional pública tem como meta dar oportunidades para todos os segmentos sociais e, mais além, promover uma ação pedagógica correta voltada para o êxito escolar, garantindo assim que a criança e o jovem atendidos nela permaneçam e aprendam. A conquista da escola pública de qualidade vai influenciar a melhoria da qualidade dos serviços educacionais da escola privada. Lentamente o mercado das escolas privadas será bem definido pelos setores com maior poder aquisitivo. Isso já está acontecendo e exigirá um posicionamento das escolas particulares e confessionais de tal forma que não se permitirão erros na condução dos projetos pedagógicos destas escolas. É necessário que o gestor conheça muito bem o segmento de atuação da sua escola e reconsidere as variáveis para os novos empreendimentos que as pesquisas têm apontado pelo público: localização, qualidade e preço. Portanto, cuidado! Aqui se coloca o conflito das racionalidades técnico-instrumental e normativa. A gestão escolar é um território movediço. Talvez o mais difícil para o gestor é encontrar o equilíbrio, considerando as forças oponentes do mercado, que dizem das exigências requeridas pela concorrência e da dimensão ética que situa o campo da formação humana. Vamos refletir um pouco com o trinômio localização, qualidade e preço – isso funciona na ótica da clientela.

Quanto à localização é muito importante verificar o posicionamento geográfico da escola em relação à cidade como um todo. A cidade se movimenta de forma intensa no seu gigantismo dinâmico. O que há dez, ou mesmo vinte anos, era uma área periférica, com o crescimento da cidade, se tornou área central; casas transformaram-se em pontos comerciais, e por isso ruas e bairros residenciais viraram avenidas de negócios e centros comerciais com lojas e escritórios. A moradia ficou prejudicada pelo barulho, tráfego, engarrafamento. Isso levou as famílias a se afastarem para lugares aprazíveis e tranquilos. A dinâmica da cidade levou o Estado a tomar medidas para a nucleação de escolas públicas. Onde havia o atendimento de duas escolas – ambas mantidas seja pelo Estado, seja pelo município –, com a municipalização da educação se observou que bastaria uma escola para o atendimento das necessidades educacionais de determinada comunidade, por isso foi fixada apenas uma unidade escolar. A outra foi deslocada para outro ponto da comunidade que precisava da escola. Se a escola não fica perto de casa ou no caminho para o trabalho de modo a diminuir os transtornos no deslocamento do trajeto casa-trabalho-casa, ou seja, se a localização da escola não facilita a logística familiar, é muito difícil que os pais optem por essa escola. Se apenas uma escola fica no centro da cidade, subtende-se que poucas unidades familiares resistiram em ali permanecer, em vista da degradação da qualidade de vida – longos engarrafamentos, dificuldade de estacionamento, poluição de toda ordem. Segurança, comodidade e tempo são variáveis que as famílias têm considerado na hora de escolher o lugar onde morar. Desse modo, a escola que há décadas funcionava sem problemas, pois estava localizada numa área urbana, hoje terá dificuldades tendo em vista que as áreas centrais agora apresentam empecilhos, inviabilizando a sua estrutura como negócio. As escolas de melhores posicionamentos se localizam nos bairros residenciais ou em corredores de circulação da cidade.

O outro ponto é a qualidade. Se a escola tem uma boa localização, mas não tem qualidade, dificilmente os pais optarão por elas. A qualidade é o foco do projeto pedagógico: conteúdo, metodologia, equipamentos, excelentes professores – titulados, atualizados, motivados e bem pagos –, tudo isto colabora para a eficácia do ensino e a eficiência da aprendizagem. Os pais percebem o ritmo da escola, a disciplina e o rigor na organização, a seriedade na implementação da proposta didático-curricular-educativa dos conteúdos de ensino e o nível das aulas. É um olhar muitas vezes distante, mas atento, sobre a formação, os valores e os princípios da escola. Os pais escolhem de acordo com as garantias observadas, visando às vantagens futuras para os filhos. A escola não se mantém apenas do seu nome, da sua marca, da sua tradição ou do seu legado. É necessário definir a prioridade no pedagógico, assegurando, assim, a aprendizagem.

As pesquisas têm mostrado que o excelente desempenho dos alunos se deve ao tempo de aprendizagem, ou seja, quanto maior o tempo que os alunos permanecem em sala de aula, dedicando-se às atividades escolares, melhor serão os seus resultados, como diferencial de aprendizagem. O empenho dos professores em preparar boas aulas repercute na atividade de melhoria continuamente, elevando o nível dos conteúdos e motivando os alunos.

Por último, o preço. Ora, os pais ou responsáveis, como todo cliente, querem facilidades – descontos, bolsas, promoção. Pesquisas de mercado pontuam que entre os itens por ordem de prioridade para consumo/pagamento das famílias, no Brasil, a mensalidade escolar está em sétimo lugar. Portanto, uma lição do mundo dos negócios para a escola como empresa: definir o seu posicionamento na segmentação do mercado, respondendo: qual é a minha clientela? Com base nisso se define a mensalidade, observando o custo por aluno para a oferta da sua proposta pedagógica. Mas a escola, como um organismo vivo, deve ser repensada sistematicamente na sua renovação criativa, mostrando a cada momento o seu diferencial como inovação, atendendo na sua regularidade a norma legal. Segundo a nova LDB, é preciso o credenciamento da escola no sistema de educação estadual e o seu reconhecimento por meio dos Conselhos de Educação Estaduais.

Contudo, sem querer esgotar o assunto, mas para deixar uma contribuição ao gestor da escola privada, pedimos a sua atenção nos dez pontos a seguir:

1. Guerra de preços

- Mensalidades baixas – Perdem todos os sujeitos envolvidos com a escola: perdem os empresários, pais e os alunos. Mensalidades baixas podem indicar baixa qualidade nos serviços.

2. Definir o custo por aluno

- O gestor precisa ter claro os custos. Daí fica fácil definir onde se pode cortar causando o menor estrago.

3. Definir política de bolsas

- Bolsas no turno de menor procura.

4. Definir política de descontos

- Pagamento da mensalidade até o dia do vencimento com 2% de desconto.

5. Famílias com mais de dois filhos, desconto de 20% para um dos filhos.

6. Coloque-se no lugar do seu cliente: como diminuir custos e agregar valor

- Material escolar: compra tipo pregão pela escola. A escola deve definir uma relação mínima com material escolar essencial a ser utilizado pelos alunos.

- Promover a adoção e a compra dos livros didáticos e paradidáticos junto a uma editora, encomendando cotas por escola.

- Promover no início do ano uma feira de livros didáticos e paradidáticos usados.

- Definir cotas de agendas não por escola individualmente, mas com outras escolas parceiras. Por exemplo: ao invés de negociar com o fornecedor mil agendas, negociar 10 mil agendas.

7. Definir um programa de fidelização

- Fidelizar pais e alunos para incentivo à permanência dos filhos na escola. Por exemplo: as companhias aéreas definem pontos por trechos viajados. A cada 10 mil pontos acumulados, o cliente ganha um trecho. Como promover um programa de fidelização vinculado aos resultados da aprendizagem? Outras escolas promovem a fidelização por meio de brindes, presenteando a cada bimestre os alunos que acumulam uma determinada pontuação.

8. Eventos

- Diminuir o número de eventos que necessitem da contribuição dos pais.

9. Diferencial

- Proposta pedagógica focada com metodologia bem definida;
- Professores bem qualificados;
- Formação contínua dos professores – semana pedagógica, seminários, congressos ou participação de docentes em eventos nacionais ou internacionais;
- Evento de formação de pais;
- Dia na Cantina – lanche saudável;
- Programa de reforço escolar *on-line*;
- Recuperação escolar e apoio psicopedagógico;
- Desenvolvimento de projetos criativos, fantásticos... que tenham novidades ou busquem a inovação.

10. *Endomarketing*:

- Sistema de atendimento e *telemarketing* da escola para pais e alunos;
- Comunicação eletrônica com os pais – envio de boletim com principais notícias da escola;
- Portal da Escola Virtual – aulas, tarefas, acompanhamento de frequência, notas, atividades;
- Dia do Amigo da escola;

- Alunos e pais recepcionados pelo diretor na entrada da escola;
- Tornar os funcionários, professores, técnicos e pais responsáveis parceiros da escola, responsáveis pelo sucesso da instituição.

Para finalizar, vale ressaltar que o planejamento estratégico é uma ferramenta que deve ser elaborada com a participação e cooperação de todos que fazem a escola. É parte do planejamento pedagógico-administrativo da escola e deve ser visto como um gerenciador do projeto pedagógico da instituição. O planejamento estratégico requer a elaboração de um diagnóstico da escola e a sua análise deve compor as ações que serão norteadoras para os próximos anos. O planejamento estratégico é uma ferramenta que indica os rumos que a instituição percorrerá; é uma espécie de carta de navegação em que se constrói uma rota da sua missão, dos seus objetivos, das suas diretrizes e das suas ações a serem realizadas para se atingir as metas pretendidas. Este modelo de planejamento é pressuposto da proposta da pedagogia da competência, sobretudo porque a melhor forma de realizar o planejamento estratégico é através de projetos. Logo, entende-se porque neste contexto surge a pedagogia de projetos como uma peça da composição maior da reforma da educação ora em curso. A gestão é a alma da escola. O engajamento do gestor no cuidado com os alunos, no acompanhamento da aprendizagem, com o entusiasmo dos professores e a sua dedicação, isso pode levar a escola à excelência. Assim, os pais sentem segurança na escola e confiam na sua proposta pedagógica.

7 A DISTÂNCIA ENTRE O PRESENTE E O FUTURO NA EDUCAÇÃO

Por que a educação no Brasil ainda não deu certo? Por que os indicadores educacionais são tão baixos? Por que a escola não consegue responder de forma pró-ativa às situações do insuficiente desempenho dos alunos na escola? Parte das respostas a essas perguntas se encontra na herança histórica do colonialismo, que tragou o modelo de subdesenvolvimento nas suas origens. A concentração de riquezas foi a tônica do nosso processo civilizatório. A não distribuição da renda no Brasil impediu que o poder fosse desconcentrado. As elites abandonaram o povo. O que poderia ter sido diferente com o advento da república, do ponto de vista da historicidade, não se deu. O que se verificou foi o abandono do povo, largado à própria sorte e subestimado a situações dramáticas, submetido a privações, subjugado à pobreza, à miséria e à fome, constituindo assim a apartação social que se consolidou como característica da nossa sociedade.

Assim, o que se verifica ao longo da nossa historicidade é que a problemática da realidade brasileira é complexa e tem as suas raízes na concentração da renda.

Isso gerou um grave problema que marcou a própria formação cultural do nosso subdesenvolvimento: a cultura da alienação das elites. Para as elites não basta o suficiente para si. A ganância pela riqueza promoveu a necessária dominação da hegemonia do poder. Consequentemente isso gerou na formação das elites uma insensibilidade diante das situações mais desumanas a que a maioria do povo pobre ficou submetida.

Os resultados da avaliação do sistema educacional brasileiro

Nesse sentido, a república não trouxe a conquista de uma sociedade verdadeiramente democrática. Ainda estamos longe de garantir oportunidades iguais para todos. Muito ainda tem que ser feito para a promoção de uma transformação social que modifique a realidade para uma vida melhor. A divulgação dos recentes indicadores da Organização para a Cooperação e Desenvolvimento Econômico (OCDE), por meio do Programa Internacional de Alunos (Pisa) de 2006, pesquisa que revela o desempenho dos alunos de duzentos países no mundo, no término da escolaridade básica, o que corresponde no Brasil aos concluintes do 5º e 9º ano em língua materna (Português), Matemática e Ciências, tem mostrado o pífio resultado do nosso sistema de educação básica. O país ficou classificado em 52º lugar, tendo uma variação para menos, 50º, ou para mais, 54ª posição.

Essa avaliação do Pisa obedece a um ciclo de prioridade com a leitura. No ano de 2003 foi com a Matemática e no ano de 2006 aconteceu na área de Ciências. A amostra de 400 mil alunos representa 20 milhões de alunos em todo o mundo, na faixa etária dos 15 anos, em 57 países – 30 países da OCDE e 27 voluntários. O Brasil teve 9.295 alunos avaliados de 625 escolas públicas e privadas do 8º e 9º ano do ensino médio. Destes, o resultado na pontuação em leitura foi de 393 pontos, enquanto 370 foi a pontuação em Matemática. A pontuação no geral foi de 707,9 de 800 pontos. A análise das informações revela que aproximadamente 28% dos alunos brasileiros não chegaram à escala de avaliação no nível 1. O Pisa tem seis níveis. Numa perspectiva mais explícita, a pontuação dos alunos brasileiros significa que não conseguimos passar, em nenhuma das três áreas, do primeiro nível de aprendizagem. O resultado mostra um quadro de aprendizagem insuficiente: em leitura, 46ª posição; em Ciências, 50ª posição; e em Matemática, 54ª posição, isso no melhor do *ranking* entre os 57 países.

No ano de 2005 o Brasil ficou em 40º lugar. O que houve? Será que pioramos de um ano para o outro? Será que os investimentos foram desperdiçados?

Na realidade o que houve foi a confirmação da falta de prioridade com a educação. Os governos não têm focado o campo das políticas educacionais como prioridade entre as políticas públicas sociais. Isso tem impossibilitado a reversão dos graves problemas que afligem o sistema escolar. As questões não são de fáceis soluções e não se resolvem em curto prazo. O trabalho de mobilização para colocar as crianças em idade escolar na escola e nela permanecerem tem a sua continuidade com a promoção da qualidade do ensino. A concepção da qualidade da escola se faz com o acompanhamento do desempenho dos alunos. O resultado do processo de ensino é mapeado pela aprendizagem dos alunos, que se revela na avaliação.

O que de fato acontece hoje, segundo os resultados da avaliação, é apenas um grave sintoma da situação da vida em nossa sociedade. O desleixo com que as elites tratam o povo, o descaso das autoridades com a educação e com os professores, por muitos anos, levaram a escola ao completo abandono. O país amarga resultados desastrosos, mas não se pode esquecer que foram longos anos para chegar ao fundo do abismo em que se encontra agora. Desse modo, a história tem ensinado que, também, será lenta a recuperação do sistema escolar até que se atinja o mínimo considerável para uma escola de qualidade. Assim, muito se tem a aprender para a construção de uma "outra" escola. A reforma da educação em curso, há mais de dez anos, tem viabilizado ações importantes para a organização e estruturação do sistema. A edição da LDB e a publicação dos referenciais curriculares foram peças-chaves da política educacional na perspectiva de melhoras para a educação, inclusive a definição deste último, que contribuiu sobremaneira para a formulação do sistema de avaliação nacional. No avanço da reforma o gargalo era o financiamento da educação. A implantação do Fundef, e mais recentemente do Fundeb, investimento de significativos repasses de recursos por aluno para os estados e municípios, foi crucial para a perspectiva de efetivação de ações para a reconstrução da escola.

A valorização do professor

Outras definições ainda não geraram a repercussão necessária para o sistema educacional. A formação inicial de professores ainda ensaia passos na caminhada de implementação das diretrizes curriculares, e a formação continuada é ainda muito tímida, faltando a definição de programas que atendam às carências dos professores na escola real. A motivação para o trabalho é um problema de difícil solução. Os baixos salários para jornada de três turnos de trabalho, a falta de condições adequadas para o exercício da atividade docente, levam os professores ao desestimulo. O ofício de professor vive uma crise sem precedentes. Verificando recentes editais de concurso público municipal, é difícil acreditar que a educação será um dia prioridade. Sem desmerecer as outras, mas observando as profissões técnico-administrativas listadas nos vários editais, observamos que a diferença dos salários entre estes profissionais e os professores é no mínimo aviltante. Tal discrepância é um desrespeito à docência; salários tão baixos para uma atividade tão nobre.

A difícil tarefa da docência se faz por uma relação com outros sujeitos, caracterizada por uma ação comunicativa, fundada no diálogo. Essa prática cotidiana reflexiva é constituída por saberes e, principalmente, pela experiência. Desse modo, a docência é um trabalho complexo, exigente e, por isso, requer o professor como um todo. O professor em sala de aula é desafiado no seu fazer, ou seja, pelo agir no trabalho docente, na gestão da sala de aula, na gestão do grupo, na relação com os outros docentes e com os alunos; emergindo um conteúdo que lhe é próprio, o docente toma decisões continuamente na busca de tornar os outros seres humanos mais humanos.

O saber "profissional" dos professores é um saber plural e heterogêneo. É um conhecimento construído a partir do trabalho. Assim, o ato docente pode ser compreendido como uma ação carregada de sentido, situada num contexto que lhe é específico, marcado pela tomada de decisões diante do incerto. O saber docente é construído no limite da prática. O professor aguça o seu saber-fazer, discernindo por agir no momento certo. Portanto, os professores adaptam, recriam, refazem, ressignificam seus saberes de formação na prática, pela emergência das situações circunstanciais, agindo na contingência e decidindo na urgência.

O enfrentamento do cotidiano escolar nos desafia a problematizar criticamente a nossa realidade, assumindo a missão de formar seres humanos. Para essa atividade temos que formar docentes reflexivos, críticos, investigadores, despertando a permanente curiosidade diante do novo na perspectiva do futuro. Parece uma ironia destinar a um professor R$ 850,00 para atuar na sala de aula durante quarenta horas semanais, ou uma variação de R$ 225,00 a

R$ 348,00 por vinte horas semanais. Sem nenhum desrespeito às demais profissões ou atividades, mas se compararmos a docência com cargos que exigem apenas o nível técnico, ou seja, o ensino médio de escolaridade, tem-se uma variação entre R$ 396,00 e R$ 1.600,00 por quarenta horas semanais. Verifica-se que outros profissionais ganham mais com apenas o nível médio em outras profissões ou ocupações em relação aos professores, de quem se exige o nível superior para o exercício do magistério. O ofício docente exige uma formação inicial universitária, uma graduação regular de 2.800 horas, e para o professor de crianças pequenas uma formação de 3.200 horas nos cursos de Pedagogia. Não se pode esquecer que, envolta a toda essa situação, o Ministério da Educação e o Congresso Nacional iniciaram um debate sobre a definição de um Piso Salarial Nacional para os Professores.

A determinação do piso nacional de salário para os professores em R$ 950,00 é uma medida necessária, mas que move muitos interesses, envolvendo os prefeitos e os governadores. Espera-se que essa medida possa gerar motivação entre os professores, estimulando-os à dedicação ao trabalho docente, e até mesmo atrair jovens talentos para a profissão.

A gestão escolar

Outro ponto fundamental é a gestão escolar. Falta-nos um modelo e uma escola genuinamente brasileira de gestão escolar. É preciso que se determinem critérios básicos para consolidar o processo de definição do gestor na escola. Muitas experiências têm contribuído para a qualidade como foco da gestão, mas é necessário sair da empiria e aprofundar a construção reflexiva que não se limite apenas à administração da escola como uma gerência comum, mas considerando a instituição escolar como uma organização complexa, que tenha como fim a formação de seres humanos. A gestão da escola deve-se apropriar de elementos científicos da gerência e utilizá-los para a qualificação dos processos pedagógicos e dos resultados para a qualidade da educação. O gestor tem que dominar o planejamento e ser hábil negociador para a formulação de estratégias de êxito na consecução dos objetivos que se almejam no percurso exigido para se atingir as metas previstas.

O gestor deve ser formado para atuar com maior rigor, fazendo uso da sua autoridade e exercendo a sua liderança na condução do grupo de colaboradores. A escola deve ser gerida por meio de instrumentos próprios da gestão: o planejamento estratégico e o projeto político-pedagógico da escola. Essas ferramentas não podem ficar trancafiadas nas gavetas. Devem-se constituir como documentos orientadores na tomada de decisões, para guiar a gestão segundo a visão e a missão da escola. O planejamento deve chegar à ponta dos processos pedagógicos. Portanto, o planejamento deve se realizar na escola como um todo, mas especialmente na sala de aula, cujo trabalho docente deve ser elaborado como pressuposto para a aprendizagem dos alunos. Daí, a forma que melhor constitui a atividade docente em busca da qualidade ser com base no planejamento. Isso focalizará a prática docente na sala de aula, oportunidade em que será elaborada a transposição didática. Por que é importante cultivar a cultura do planejamento? Por que planejar?

1. A complexidade da apropriação dos conteúdos de ensino requer uma atenção determinada, o que exige uma reflexão intensa sobre a interpretação e aplicação em situações da vida real daquilo que se aprende na escola.

2. O ensino não se resume a levar o aluno à memorização. O planejamento das atividades docentes impede o professor de repetir conteúdos e o faz rever conceitos, refazer demonstrações e exemplos. O professor refaz as suas aulas.

3. Na sociedade do conhecimento, a atualização permanente do que se ensina é fundamental, pois a atividade que o professor desenvolve no ensino é reflexiva, mental e consciencial.

4. Os conteúdos de ensino são definidos de acordo com a matriz curricular. O currículo é um documento de identidade que precisa de constante revisão, considerando os matizes ideológicos, políticos e sociais que influenciam a leitura sobre os conteúdos.

5. O planejamento permite que o professor elabore uma reflexão para além daquilo que está na aparência. O professor, por meio do estudo dos conteúdos a serem ensinados, pode recriar as ideias e formular uma interpretação original, não se limitando ao

aspecto cognitivo do conhecimento, mas buscando a essência e a profundidade do que se leciona, pode desenvolver os aspectos conceituais, procedimentais e atitudinais, uma vez que trabalha o conhecimento e a informação, desenvolvendo assim habilidades e atitudes naquilo que é útil para a vida.

6. O sentido da educação escolar se constrói na ação docente. No planejamento da aula o professor constrói a mediação do sistema didático no processo ensino-aprendizagem. Por meio da transposição didática o professor transforma a ciência em conteúdo a ser ensinado. A transposição didática permite ao professor organizar, selecionar, dividir, recortar, estruturar o ensino integrando ao processo de aprendizagem. A importância de planejar em educação, torna o conhecimento um conhecimento "ensinável".

O planejamento da aula busca responder como se pode efetuar com êxito o trabalho docente, sobretudo se procura definir com clareza o que se quer que os alunos aprendam, o que se ensina e por que se ensina. Os conteúdos são agrupados segundo as tipologias: conceituais, procedimentais e atitudinais. O planejamento do programa de ensino requer a prévia definição dos objetivos e da metodologia, ambos articulados pela avaliação, o que permite ao professor regular o que ele quer ensinar ou o que quer que os alunos aprendam. O professor, com o planejamento, deve definir os fins, o que quer atingir em cada aula, em cada unidade, em cada item do programa da sua disciplina. Deve também saber o que é fundamental, o que é assessório, saber demarcar o mínimo de conteúdo básico para os alunos estudarem. Por fim, deve pontuar o resultado, na perspectiva da aprendizagem significativa, o que David Ausubel chamou de pontos de ancoragem.

O planejamento educacional é um tema desafiador. Portanto, das experiências que temos conduzido e outras que temos acompanhado na escola pública e privada, devemos dizer que se trata de todo um processo desenvolvido a partir da gestão democrática, em que se prioriza a participação de todos os segmentos envolvidos com a escola: professores, técnicos, funcionários, alunos e pais. A nova LDB, artigo 13, parágrafos I e II, preconiza a "participação" do professor na elaboração da Proposta Pedagógica da Escola:

Os docentes incumbir-se-ão de:

I. Participar da elaboração da proposta pedagógica do estabelecimento de ensino;

II. Elaborar e cumprir plano de trabalho, segundo a proposta pedagógica do estabelecimento de ensino.

Mas ressaltamos que a gestão escolar hoje em dia é realizada principalmente com os seguintes instrumentos:

1. Planejamento estratégico da escola;

2. Projeto político-pedagógico;

3. Regimento escolar.

Não há problemas em inicialmente definir o regimento escolar e somente depois o projeto pedagógico. Hoje se utiliza mais o termo "projeto ou proposta pedagógico(a)", pois já se acredita que o "pedagógico" pressupõe o "político". Portanto, as terminologias podem ter variantes, mas, no fundo, para quem tem clareza, não verá grandes diferenças.

Porém, para desenvolver o projeto pedagógico, o núcleo gestor, seja da escola, seja da secretaria de Educação, deveria definir referenciais orientadores, como por exemplo:

A fundamentação das políticas públicas e a Educação

A questão da melhoria da escola ou a definição da gestão em torno do trabalho pedagógico em que a prioridade será a "aprendizagem das crianças", ou definir com base em indicadores o que se pretende atingir... sobre a alfabetização, ou a ampliação do atendimento escolar ou a questão da educação inclusiva, tudo isso anteriormente colocado, enfim, é preciso saber o que a gestão do Estado quer atingir a cada ano do ponto de vista das políticas públicas de educação. Tem recursos? Quais? Como serão aplicados? No caso das prefeituras, elas devem seguir as determinações legais com a responsabilidade que pedem a educação infantil e o ensino fundamental. Mas não podemos nos esquecer que o ensino fundamental a partir do 6º ano deve ser conforme o regime de colaboração com o estado. A prioridade do estado é o ensino médio, mas deve, também, assumir o regime de colaboração com o poder municipal.

A fundamentação legal

- O Capítulo da Educação na Constituição Cidadã de 1988;
- A Nova LDB (principalmente os capítulos sobre a Educação Básica e dos professores).

A regulamentação específica do Estado ou município sobre educação: Constituição do Estado e/ou Lei Orgânica do Município.

Esses instrumentos são balizadores das referências dos poderes públicos, principalmente o legislativo e o executivo. Esse conteúdo legal fundamenta a ação do Estado e do setor privado como elemento determinante do estado de direito. Na realidade a democracia nas modernas sociedades se sustenta a partir do respeito de todos ao cumprimento dos princípios emanados pela carta magna constitucional e das leis regulares instituídas pela Constituição para organização do Estado e da vida em sociedade. O respeito básico à cidadania como composto da democracia se pauta no estado de direito pelo respeito absoluto por um acordo tácito dos cidadãos aos pressupostos constitucionais e às leis. As políticas públicas sociais e a escola como instituição social têm no pressuposto legal um guia de ação que serve a sociedade, ou seja, o bem comum, fim do regime democrático, é regulador das relações e conquistas que se estabelecem entre os cidadãos e as classes sociais pela disputa da hegemonia, ou melhor, como nos diz Gramsci, a disputa pela direção política e cultural da sociedade.

A fundamentação teórica

A fundamentação teórica é a definição por meio de um referencial teórico-metodológico sobre a concepção, por exemplo: dos conceitos de sociedade, mundo, educação, escola, aprendizagem e sujeito. A escola, para cumprir a sua função social, deve eleger uma abordagem teórica com base num arcabouço categorial, e uma metodologia para distinguir a sua proposta ou o seu projeto pedagógico; isso iluminará a prática do docente. A opção teórica e metodológica estimulará o professor a fundamentar a sua prática e refletir sobre a experiência na construção crítica do conhecimento próprio da docência. O professor, ao refletir sobre o seu agir na sala de aula, elabora um saber fruto da sua prática. Aí se coloca a gênese de uma epistemologia da prática, que é base para a compreensão dos saberes docentes como uma racionalidade própria do saber-fazer dos professores, ou seja, de uma racionalidade pedagógica.

Diante dessas considerações importantes para o planejamento educacional, seguiremos explicando as três ferramentas de gestão, anteriormente destacadas: o planejamento estratégico da escola, o projeto "político" pedagógico e o regimento escolar.

1. Quanto ao planejamento estratégico: definir qual será o "norte", os rumos da gestão escolar para os pró-

ximos quatro anos. O planejamento estratégico possui formatos próprios e devem ser seguidos na sua elaboração metodologia específica. É útil para conhecer o cenário e compreender o contexto em que a instituição está situada. Exige o cumprimento de metas, objetivos e ações, o que determinará a definição de um plano de metas e de ações. O planejamento estratégico permite a clareza da resposta para as questões: onde estamos, aonde queremos chegar e como chegar às metas previstas? Pelo planejamento estratégico as instituições são levadas a se autoconhecerem, explicitando seus pontos fortes e fracos. E também podem visualizar as suas oportunidades e ameaças. Entretanto, não se pode gerir uma organização sem ter conhecimento do seu desenvolvimento nos níveis tático – só assim se faz o planejamento dos setores – e operacional, por meio do qual se define o plano de ações a serem perseguidas pela organização.

A importância do planejamento estratégico implica nas decisões dos gestores tomadas hoje para o futuro da organização. A alta administração deve assumir o planejamento definindo a sua objetividade, o prazo, a destinação dos recursos para a sua efetiva realização e o devido acompanhamento, inclusive com a análise dos resultados. O planejamento, independente do nível, deve ser acompanhado com frequência. No final do processo, o planejamento deve ser avaliado para novas definições e para elaboração de um novo planejamento para a organização.

O planejamento estratégico contribui para a definição do posicionamento da escola no seu contexto. Ajuda a instituição a se diferenciar das organizações do seu entorno e ainda possibilita mostrar para a sociedade o seu diferencial, que será expresso no projeto pedagógico.

2. Quanto ao projeto político-pedagógico: a sugestão é que a direção da escola possa definir uma proposta de um roteiro, que será modelo comum para a escola. Esse roteiro deve funcionar baseado nos marcos orientadores, anteriormente sugeridos, como guia para o trabalho educativo e deve ser elaborado pela comunidade escolar, envolvendo todos os segmentos. Portanto, é um trabalho de curto prazo que dependendo da definição política pode levar trinta dias ou seis meses. Mas como a própria etimologia da palavra indica, projeto é processo, é aquilo que se realiza, processualmente, o que está por se fazer.

3. Quanto ao regimento escolar: é um documento legal. Para ser elaborado deve haver assessoria de uma consultoria jurídica (na escola pública, dependendo do caso, do Município ou do Estado) para não ter incompatibilidade com as normas legais das esferas superiores.

O grande problema que a gestão escolar tem enfrentado é que, na maioria das situações, os gestores não conseguem sair das rotinas cotidianas e se limitam a fazer uma gestão pontual, agindo sobre os problemas do dia a dia. Assim, o receio é que, pela nossa experiência com a gestão escolar, os diretores não consigam se livrar das tarefas imediatas que surgem cotidianamente e acabem se perdendo na falta da gestão do tempo. Esses documentos na maioria das vezes tornam-se "documentos de gaveta", ou seja, são elaborados, mas não são consultados pelos gestores, que passam a fazer uma "gestão do empírico". Daí se perdem no foco das ações que constam como estratégicas para a organização da escola, sendo levados por um modelo de "gerência comum". A gerência comum se caracteriza pela falta de uma sistematização nas atividades da administração. Os gestores precisam tornar esses documentos vivos. Devem, portanto, consultá-los permanentemente para a tomada de decisão. A gestão tem como pressuposto o processo decisório. O gestor a todo instante é chamado a assumir compromissos e a tomar decisões.

Mas, para definir os conteúdos do planejamento estratégico do projeto pedagógico ou mesmo para o regimento escolar, é necessário um diagnóstico que permita o conhecimento da realidade da escola. Esse diagnóstico permite que a escola se situe diante do seu contexto e verifique os desafios da sua realidade perante o seu projeto para o futuro. Ou seja, o diagnóstico dá possibilidade à clareza da realidade situacional da escola e às suas definições de metas para serem atingidas num futuro próximo. É necessário que os resultados colhidos pelo diagnóstico tenham seu efeito no planejamento pedagógico do curso, da organização das disciplinas, nos projetos interdisciplinares, em cada área de conhecimento, nas séries ou nos ciclos.

O planejamento do ensino

O planejamento do ensino requer do professor a articulação do projeto pedagógico da escola e o plano da disciplina, considerando a transformação da realidade. O professor deve definir quais são os objetos concretos de aprendizagem, as finalidades, os objetivos de ensino/ educação, mesmo que seja na prática. O professor deve focar o aspecto didático-metodológico, tendo a clareza de que deve:

- Perceber que os alunos são diferentes;
- Verificar os conteúdos prévios que os alunos trazem;
- Propor exigências diferenciadas para cada aluno;
- Ajudar cada aluno de forma individual, diante das suas necessidades;
- Desafiar a curiosidade dos alunos com objetos novos de aprendizagem.

O trabalho do planejamento pedagógico é processual e estratégico para a organização do ensino e da aprendizagem daquilo que se pretende determinar como conteúdo conceitual, procedimental e atitudinal, sabendo- -se que aprender é mudar, que a aprendizagem se faz de forma singular, pessoal e dinâmica. Cada aluno, na sua individualidade, desenvolve um ritmo próprio de aprendizagem, que é enriquecido pelas experiências pessoais e a forma como se apropria dos conteúdos segundo os seus interesses e motivações de acordo com as suas capacidades. Portanto, o professor deve regular a sua atividade docente levando em conta o desenvolvimento do aluno e a sua aprendizagem. O que se quer ensinar no ano letivo em determinada disciplina e o que se deseja que os alunos aprendam? Assim, é necessário que o professor considere a rede de esquemas de conhecimentos e relacione-os com as situações de aprendizagem diante dos objetos de ensino. Para o êxito metodológico do ensino, é importante que o professor considere três pontos:

- Comparar o que os alunos sabem com o conhecimento "novo" a ser ensinado;
- Verificar semelhanças e diferenças entre os conhecimentos prévios dos alunos, o que se deseja que se aprenda;
- Estreitar a relação entre o que se sabe com o que se pretende ensinar.

Essas medidas sobre o planejamento da aula buscam tornar a aprendizagem viva e, assim, negar a aprendizagem mecânica, em que se limita o ato de ensinar ao improviso e, sobretudo, a aprendizagem a decorar conteúdos. Mas as justificativas para as reais intenções dos professores com o ensino e a aprendizagem devem se pautar pela definição dos elementos axiais do planejamento do seu trabalho em sala de aula e a incorporação de uma prática reflexiva permanentemente renovada do seu compromisso com a qualidade do ensino, vinculada a sua prática docente. O professor, como sujeito epistêmico, é desafiado cotidianamente na sala de aula a potencializar a aplicação dos seus saberes em situações reais. Desse modo, para elaborar uma prática comprometida com a aprendizagem do aluno, algumas estratégias são básicas:

- Demarcar o que se quer que os alunos aprendam;
- Ensinar considerando a diversidade, na perspectiva da inclusão escolar;
- Definir os marcos da aprendizagem;
- Propor desafios diferenciados;
- Estimular o esforço do aluno para aprender novos conteúdos;
- Buscar a mediação focada no pedagógico;
- Avaliar relacionando os conteúdos prévios dos alunos com o que se aprendeu.

Esses pontos são apenas orientações mínimas para o trabalho docente. Não constituem por si um conjunto de tópicos prescritivos que normatizam a ação docente. Mas o propósito é chamar a atenção do docente para que atualize a sua ação como professor na melhoria contínua do ensino. Não se pode esquecer que a aprendizagem é individual, intransferível e única, ou melhor, cada indivíduo tem um jeito próprio de aprender. O que se observa é que a aprendizagem não mobiliza apenas a dimensão cognitiva dos seres humanos, mas envolve a integração da afetividade, das emoções, da motricidade, da plasticidade cerebral, do sistema nervoso, mobilizando o sentido profundo da multidimensionalidade do humano.

II
A DOCÊNCIA E A GESTÃO ESCOLAR

1 A DOCÊNCIA COMO OFÍCIO

Parece fácil ser professor. Ouvimos recentemente de colegas que, para ser professor, bastaria estudar e repassar o conteúdo do "saber estudado", como se transmitisse por um ato simplista, singelo e banal, de qualquer forma, como se isso definisse a docência. Imediatamente lembrei do modelo tão criticado por Paulo Freire na sua análise sobre a escola convencional, por meio da educação bancária, em que os alunos são meros depósitos, que devem ser "enchidos" de conteúdo pelos professores.

Para os leigos pode até se tolerar essa interpretação do significado do magistério. Talvez aí se radique a concepção da desvalorização dos professores, os saberes docentes se aproximam dos saberes sociais, pois, se é algo comum, fácil e sem qualquer mistério, a qualquer indivíduo caberia o ato de educar. Deve-se compreender a complexidade da docência pelo sentido de educar. Se se compreende a educação como a formação do outro, na perspectiva da completude do ser humano integral, ou seja, formar a humanidade no outro ser humano, tornando-o mais humano, a docência não é ofício fácil de ser exercitado. Exige a observação atenta e o cuidado com o outro ser. Um acompanhamento perseverante na distinção dos valores que forjam os sentidos mais profundos que dignificam o ser humano e o fazem respeitar a própria vida e a dos outros seres humanos para o convívio fraterno em sociedade. Daí a metáfora do que se entende por pedagogia: seguir, dar direção no processo de evolução do ser humano.

Assim, a docência não se equivale ao ensino em si. Mas são as concepções de educação que dão base para o agir docente. A transformação e o desenvolvimento do ser em formação constituem o conteúdo da docência enquanto tal. Portanto, a docência se faz como processo de descoberta do professor e do aluno como seres humanos. O ensino compreendido em si mesmo é uma parte da docência. Por si mesmo não garante a possibilidade da infinitude humana. A sua substância é fundamental para a realização do ser humano, pois revela uma face da docência que se faz pela dimensão cognitiva em que a aprendizagem efetiva a sua realização.

A docência exige do professor a sua postura de sujeito na observação sensível do educando e se relaciona com os fatos e acontecimentos da vida da pessoa em formação, da sua personalidade e do seu ser. O professor deve ser levado a conhecer o outro pela sua postura, pelo seu posicionamento e pelo que se faz da definição da sua imagem e identidade. A docência é a mediação da pessoa do professor com o amadurecimento do outro, ainda não maduro como pessoa. É o sinônimo da plena consciência de educar: fazendo-se pessoa, sendo pessoa. Nessa leitura as circunstâncias da vida em sociedade marcam a docência como modelo civilizatório. O significado da vida social determina o produto da convivencialidade, posto que a docência seja significação situada no espaço e no tempo da sociedade e das suas instituições, em particular a escola.

A sala de aula é por sua natureza o *locus* da docência. É nela que ocorre a especificidade da ação educativa na escola: o ensino. Entretanto, para que se faça a aula, ao professor cabe a responsabilidade do planejamento. Por meio do planejamento é que se executa propriamente a pedagogia. Por meio do plano de trabalho – planejamento pedagógico ou da aula –, é que o professor estabelece a organização do seu trabalho e sua ação prática de gestão do conteúdo, ou seja, a estrutura da aula mapeia unidades temáticas, tópicos e subtópicos que devem ser apresentados aos alunos como núcleo dos estudos e das orientações que seguem o currículo escolar.

O professor simultaneamente se expõe ao grupo de alunos na sala de aula, sobretudo na condição pessoal, utilizando o seu corpo, membros, fala, voz, e o seu potencial cognitivo, a sua inteligência, a sua criatividade, e, fundamentalmente, quando se envolve com a sua alma inteira, colocando ali com todo o seu esforço a grandeza do seu espírito por entre as relações que se estabelecem entre o professor e os alunos e com os alunos entre si. A essa situação destaca-se a gestão do grupo ou da classe. O professor em sala de aula preocupa-se com a exposição do conteúdo, se a sua comunicação é clara, se atende aos apelos dos alunos, e ainda tem que manter um nível mínimo de atenção e silêncio, se os alunos estão aprendendo e... se envolve a todos com a metodologia e a sua didática, tornando a aula agradável. Aqui sobressai a dimensão mental e emocional do trabalho docente.

Mas o trabalho docente se realiza por uma atividade eminentemente de caráter pragmático. A ação docente enquanto tal é uma prática. O professor para se fazer professor age na sala de aula por uma ação prática. Constata-se, assim, que o trabalho docente se faz por uma praxiologia, cuja densidade narrativa articula os saberes que subsidiam pela sua experiência a reflexão sobre os seus atos no curso da ação.

Para dinamização do trabalho docente, o professor se utiliza de meios para facilitar a aprendizagem dos alunos. As novas tecnologias têm cumprido papel relevante na elaboração e definição de metodologias que muito contribuem para a formulação didática da disciplina de ensino. O suporte do ensino se realiza por uma ação didática em que a facilitação dos conteúdos de ensino devem ser compreendidos, apreendidos, retidos e fixados.

Logo, a caracterização da prática docente se faz por uma ação comunicativa. Ao agir o professor utiliza-se de um discurso que busca o proferimento da verdade. Portanto, o sujeito-docente profere pelo diálogo um conteúdo de verdade, cabendo aos seus interlocutores a análise sobre o conteúdo do discurso e a sua análise crítica como resposta, também, verdadeira. A validade da argumentação é que vai condicionar o conteúdo como verdadeiro. O professor na sua interlocução com os alunos é determinado a conduzir um diálogo em que se pretende a troca argumentativa e as dimensões sutis e subliminares, é o que está por assim dizer nas entrelinhas das falas ou dos diálogos. No conteúdo da fala em que se estabelece o diálogo, existe a troca de subjetividades: o sujeito docente dialoga com sujeitos discentes. Trata-se, sobretudo, de uma relação de sujeitos e entre sujeitos, que perseguem a troca do entendimento entre si. Desse modo, o trabalho docente promove a autoconsciência dos sujeitos, e sobre essa autoconsciência emerge a racionalidade própria da docência. Ou melhor, pela dimensão comunicativa da ação docente se elabora um conhecimento próprio da docência. Segundo a perspectiva habermasiana, a linguagem é um instrumento da racionalidade que viabiliza a expressão dos pensamentos. A experiência é própria de cada professor, constituindo-se como atividade do sujeito solitariamente, mas pela comunicação se estabelecem relações com os alunos. Enquanto o professor age solitariamente, operando o trabalho docente, sua ação é compartilhada coletivamente. Com o conjunto dos alunos elabora pelo diálogo outra dimensão, uma dimensão intersubjetiva de sentidos. Aqui tem-se uma razão situada revelada pela experiência na prática pedagógica. Os sujeitos comunicantes – professor e alunos – buscam uma compreensão que somente a capacidade comunicativa permite: a concordância e o entendimento.

Essa razão comunicativa, inerente ao trabalho docente, permite que se gere pelas relações práticas, da prática pedagógica, uma epistemologia que faz o saber docente, ou melhor, o fundamento dos saberes docentes.

Daí cabe o questionamento: quais seriam as competências docentes? Elas seriam a cognitiva, a linguística ou dialógica e a interativa. Com essas competências, o professor seria um intérprete-mediador.

Nesse sentido, pesquisas têm enfatizado que a ergonomia do trabalho docente é cognitiva. Ou melhor, a essência do trabalho docente se faz por uma prática ou conjunto de práticas em que a sua envergadura se pauta por uma circunstância situada e distintamente intelectual e mental. Exemplificando: o entorno do professor no seu ambiente de trabalho é marcado por uma tensão permanente, cujas situações mais adversas o levam a tomadas de decisões intensas. O professor preocupa-se com os pormenores da turma e a situação de cada aluno diante do que se requer para aprendizagem, disciplina e conhecimento previsto no planejamento. Mas as situações da ação docente também se pautam sob o inusitado e a incerteza. O professor toma decisão conforme o imediato das ocorrências em sala de aula. Essa decisão exige dele apoio nos seus saberes a partir da sua experiência, da reflexão sobre as decisões de êxito; dos saberes disciplinares, do conteúdo da matéria a ser ensinada; dos saberes curriculares, da estrutura do currículo; dos saberes pedagógicos, na sua formação pedagógica. Desse modo, compreendemos que os saberes docentes fundamentam o processo de decisão na sala de aula.

Outro ponto a que as pesquisas com relação à docência estão se referindo é o fato das alterações de humor do docente, por enfrentar um trabalho de longa duração. Por isso ele deve ser solidário, embora a sua tarefa seja profundamente solitária. O professor pensa, planeja, executa e avalia sozinho o processo didático-metodológico em que envolve um conjunto de indivíduos – os alunos.

Os professores não devem possuir apenas a capacidade de ensinar, mas também a de transformar o conhecimento científico em conhecimento a ser ensinado. Esse fenômeno no ensino denomina-se transposição didática, que significa a transformação do conhecimento científico em conteúdos de ensino. Para que isso ocorra, o professor cria e recria, inventa e reinventa o processo pedagógico. Os professores como profissionais são críticos e reflexivos dos conteúdos do trabalho docente, das situações didáticas, da organização das tarefas e da organização escolar. A docência exige a produção, a criatividade e a inovação no desenvolvimento pedagógico e escolar. O trabalho docente é autoformador da pessoa e do professor. Em síntese: a docência se faz por um movimento que integra teoria e prática, relacionando o conhecimento acadêmico com o conhecimento profissional dos professores. Um processo de compreensão humana. Mas se deve considerar o "eu" do professor como pessoa, e, nesse processo, incluir na sua formação o autoconhecimento, os conteúdos disciplinares da matéria e, se for especialista, o desenvolvimento das capacidades requeridas pelo trabalho pedagógico.

Finalizando, a docência é por demais exigente, pois a postura ética pede respeito à condição sublime do ser humano. Portanto, o trabalho docente exige ética e respeito. A partir dos argumentos expostos, o que parece ser uma atividade simples constitui-se na verdade numa das possibilidades mais dignificantes, a de promover o ser humano, fazendo com que ele vá além de si mesmo, superando-se. A docência se reveste de um *mister* de arte e ofício, traduzindo a aventura de viver.

A prática da docência não se limita a ações prescritivas. A docência não se limita a transmissão de conteúdos e avaliação. Implica em estudar, conhecer, refletir, analisar, investigar e avaliar. Na docência se formula a realização da pessoa, naquilo que lhe é mais profundo: a humanidade.

2 SER PROFESSOR!

O que significa ser professor? É uma questão que não é fácil de responder. Ser professor se confunde com o próprio magistério pelo exercício da docência. O significado da docência se faz por um ato de formação do ser humano, por um gesto em que o ato de educar atribui sentido à vida do outro. Por isso não se compreende a docência como uma profissão. A docência se faz por um ofício: o ofício de ensinar, de educar, de formar integralmente a pessoa. Não existe um estatuto que defina qual deve ser a postura do professor, ou mesmo uma norma por meio da qual ele possa ser avaliado ou julgado perante os erros que venha a cometer na docência. Portanto, é complexo o significado do exercício da docência, do magistério e do ser professor.

Talvez se perguntássemos aos professores como eles se definem enquanto professores, possivelmente muitos revelariam nas suas falas a ideia de "profissão do impossível". A docência é sempre uma ação imperfeita. Isso porque o ser humano também se faz por um projeto, ou seja, está sempre e processualmente se fazendo, sendo continuamente humano. Entretanto, a compreensão da docência é uma ação cultural de situação, contextualizada no ser social e carregada pela expressão da ética e pelo respeito profundo ao outro na sua humanidade. É isso que distingue a docência como ofício. O valor que se atribui ao fazer humano, mas por um saber próprio, que pode até ser assemelhado aos saberes sociais da mãe e do pai. Ou seja, não há uma formação para ser mãe e pai, senão sendo pelo fazer-se assumir na maternidade e na paternidade o desejo de impregnar no filho uma interpretação verdadeiramente humana. Os pais traduzem o bem querer aos filhos pelo bom senso: o desejo de os filhos se tornarem gente. Assim, as professoras que buscam pela afetividade dar à luz acolhem a natureza humana, ressignificam a existência essencial do espírito do educando pelo amor à vida.

A experiência da docência se faz pela manifestação do bom senso, que exige a definição de um juízo próprio, guiado pelo cuidado do ser humano. Para isso não se tem receita. Aprende-se a docência sendo professor, na aula, agindo na sala de aula, atuando e tomando decisões ali no momento das situações postas, que emergem no calor das relações em sala de aula. O professor se faz professor sendo, agindo, atuando orientado por uma racionalidade pedagógica. Essa racionalidade fundamenta os saberes dos professores no seu trabalho de formação humana. Esse saber é oriundo do sábio individual, que faz nascer as corporações de sábios, que remontam a antigas escolas e conventos, de onde emerge a figura do professor como um detentor de um saber particular e, por assim dizer, treinado para exercê-lo.

Assim, a valorização do saber docente deve ter como compromisso um saber que se coloca para além do saber produzido e trocado comercialmente, como por um simples valor de troca. O saber docente não é um saber utilitarista, forjado pela determinação mercantil, produzido como uma mercadoria, submetido à valorização do valor. O saber do docente se realiza por uma dimensão em que pela criação se faz a sua recriação. O núcleo fundamental da docência consiste na centralidade do ser humano. A docência não se reduz simplesmente ao saber dar aulas. O bom professor deve elaborar pela sua prática e incorporar pelo seu trabalho um saber genuíno resultante do esforço de reflexão da aula enquanto tal. E por essa ação reflexiva, o professor forma o educando.

Não é fácil ser professor. E muito do que o docente é, como professor, foi construído pelo acúmulo das situações da vida, em que se fez como pessoa, na qualidade de indivíduo; do que é aprendido à medida que se amadurece como sujeito. Não basta o que se aprende na universidade para ser professor. É preciso ficar atento à vivência das relações sociais e aos laços e conflitos que nos definem como seres humanos. É difícil ensinar e aprender a sensibilidade.

3 OFÍCIO DE ENSINAR

Diferente da ciranda infantil, quando dois grupos se dividem com "mães" disputando ofícios para suas crianças, o diálogo se faz pela alegria do sonho de infância:

– Que ofício dar a ela...

– Dou ofício de professora...

– Esse ofício me agrada...

Mas esse diálogo permeado pela fantasia de crianças traz uma realidade permanente. Quem quando criança não pensou ou até afirmou que quando crescesse seria professor(a)? Isso é a expressão da criança pelo reconhecimento da função da professora e de seu importante papel.

O ofício de professor(a) é, entre as atividades profissionais, a que tem o maior reconhecimento por sua relevância social. Esse ofício, por vezes, é comparado ao papel de mãe. Imagine-se quando a professora se dirige aos alunos, ela carrega na sua fala o dizer: "Meus alunos". Essa expressão possui uma simbologia construída pelo cuidado com o outro. O cuidar da professora é comparável somente ao cuidado de mãe pelo filho, no qual se explicita a profunda projeção, amparo e respeito pelo outro. Nesse sentido, a docência assemelha-se à maternidade. O ato de educar se faz por uma relação mútua entre sujeitos. O aconchego da professora com os "seus" alunos na escola é comparável ao útero materno, que nutre, alimenta e protege o ser humano na sua mais terna concepção.

Assim, somente se é mãe sendo mãe, também só se é professor(a) sendo professor(a). Como se aprende ser professor? Digo: pelo exercício da docência, fazendo-se pelo ofício docente, na prática, na ação cotidiana na classe, vindo a ser como um devir. Mas como ser um bom professor? Sendo um observador, captando, nos detalhes, o sentido grandioso de ser humano. O professor é um formador de seres humanos. Em ambos – docente e discente – se forjam no processo formador a carência da autenticidade: um não subordina nem se nega no outro, mas, pelo processo de aprendizagem, se gera a docência. Assim, não se é professor. Se faz professor por uma dimensão do inacabado. Portanto, é comum ouvir que a docência se faz pela discência. A ação educativa prescinde da relação professor/aluno.

O ofício de ser professor é forjado no ofício de vida, pois o *mister* da docência é fazer no outro a humanidade, e somente convivendo, sendo, fazendo-se pelo respeito à dignidade humana é que se aprende os saberes de ser um bom professor. Somente a vida para ensinar a ser professor. Por isso é tarefa ética. Pela confiança da sociedade quando da entrega das suas crianças à responsabilidade do professor.

4
A DOCÊNCIA E A REGÊNCIA

Música e educação têm afinidades em comum: ambas emocionam, encantam e emancipam o espírito. Embelezam a vida, tornando-a mais viva, amena e presente. Na sua dimensão educativa, a música disciplina de forma exigente o sujeito, educando não somente quem ouve, mas principalmente aquele que a produz por meio de um instrumento. Para tocar um instrumento, o músico precisa desenvolver o sentido de ouvir a fim de sentir, no calor da produção da sonoridade, na articulação das notas que se fazem no seu encantamento, pela composição melódica, que seduz pelo soar do sopro, do dedilhar, do toque que se traduz pela extraordinária simplicidade das alternâncias de sete notas musicais. A música educa.

A educação significa a produção do humano. É fazer no outro a humanidade, tornando o ser humano mais humano. A educação se caracteriza pelo fazer do humano o próprio humano. O sentido da educação é marcar em cada indivíduo singularmente a universalidade do humano. A educação deve ser entendida, no seu significado mais amplo, a partir das relações sociais, compreendendo-as na sua dimensão pedagógica enquanto práxis social. Cada pessoa é um projeto, fruto das suas próprias decisões na busca contínua de responder aos desafios que aparecem na caminhada da vida, como parte dos conflitos e definições dos seres humanos. Mas a educação também é troca que se estabelece no conjunto da rede de relacionamentos que mantemos, tendo por trás de nós no mínimo dois seres humanos, os que nos geraram, mas anteriores a estes, no nosso entorno, toda a humanidade.

As experiências da vida transformam a condição que se estabelece na concretude da interação entre as pessoas na necessidade da convivência. Entretanto, é conveniente explicitar que cada ser humano na sua unicidade define a fronteira limítrofe naquilo que o torna sujeito, pela capacidade de conhecer no outro os seus limites e a afirmação do seu *modus* de ser, da sua identidade e da sua personalidade. O mistério que nos une como seres humanos tem a sua fonte no amor, que nos aproxima e por isso nos dignifica. Por sermos seres políticos, somos gregários, necessitamos do outro para a nossa convivência, pois, até para nos isolarmos como seres humanos, nos isolamos em sociedade.

Mas, diante do que foi exposto, pergunta-se: qual a relação que guarda o maestro e a música com o professor e a docência? O que aproxima situações tão diferentes e no que guardam suas semelhanças? As questões colocadas são para contribuir com a reflexão sobre a relação entre o professor, a docência, o maestro e a música.

Assim como o professor, o maestro tem a tarefa de liderança do grupo. A direção da gestão do grupo, do conteúdo da disciplina e da música requer de ambos uma postura de profundo respeito ao outro, seja ao aluno, seja ao músico em cada contexto específico. O professor deve conhecer e desenvolver uma forte empatia pelo aluno, estimulando-o ao estudo, animando-o para elevar a sua autoestima. O maestro guia a execução de uma peça, e, como os músicos estudam em instrumentos específicos, ele deve conhecer cada instrumento, para uma afinidade com o seu conteúdo, como o professor tem pela disciplina na qual é especialista. O professor e o maestro são regentes: o primeiro da classe e o segundo da orquestra. Aqui vale ressaltar que a palavra "regência", por muito tempo, também se utilizou no magistério para explicar a "maestria" do professor na condução da aula. Vejamos como a ação docente é próxima da atividade do maestro. Na regência o maestro, no seu estilo, rege a orquestra. Para isso distribui os instrumentos musicais em famílias – tipos comuns, material e tamanho, considerando a sua classificação em cordas, metais, percussão... –, organizando os naipes, as afinações e as tonalidades dos instrumentos, para daí compor harmoniosamente, com o conjunto integrado na melodia, articulando a musicalidade na sua dimensão mais original e profunda. O maestro ou regente conduz a orquestra como quem põe os instrumentos ao diálogo, constituindo a sua tarefa em combinar e equilibrar os tons mais agudos com os mais graves, de tal forma que a música se torne arte pela sensibilidade de cada músico e se defina pela audição de quem ouve: prazer. O regente é levado pela emoção e a cada peça vive e representa um personagem.

O professor leva a aula interagindo com os alunos. Pelo diálogo, enfatiza, a partir do conteúdo estudado, as compreensões, as trocas e as subjetividades dele com os alunos ou dos alunos entre si. O docente mantém os "seus" alunos em sintonia, entrosando-os pela amizade, fortalecendo seus vínculos, mas sem esquecer de ter como foco, no pedagógico, a aprendizagem. O professor a cada aula, em cada classe, é um ator, que interpreta um personagem.

Docência e regência exigem dos "seus" sujeitos a prática de uma ação reflexiva, intensa e situada. O professor orienta-se na sala pelo plano de aula, enquanto o maestro tem na partitura o seu caminho, que dá o sentido da expressão maior que se gera com a música. O professor usa a caneta-apontador; o maestro utiliza a batuta como símbolo – o bastão, o cajado, o tacape – do exercício da liderança, daquele que dá o rumo, indica o caminho e aponta o futuro. Professor e maestro geram as suas identidades como práticos pela ação regente – a regência –, em que ambos somente se tornam o que são sendo, atuando, agindo em cada situação particular, isso é o que faz educadores. A beleza da docência e da regência como ofício se realiza pela aprendizagem da sensibilidade e do desenvolvimento de muito talento. A regência e a docência se compõem como ato de amor.

5 — OS SABERES DOCENTES E A PRÁTICA PEDAGÓGICA

A formação do professor encontra-se diante de um impasse. Os modelos de formação vigente não respondem pelo imperativo das exigências da realidade. Desse modo, a legislação, confusa no Brasil, tem contribuído para agravar a crise na formação, ou no mínimo tem gerado um mal-estar nos cursos de formação docente e nas faculdades de Educação.

É necessário fazer seriamente as seguintes indagações: que professor estamos formando? Considerando a globalização neoliberal, as mudanças no mundo do trabalho e o novo perfil de trabalhador, quais os caminhos da formação de professores no início deste século? Qual o modelo de formação que melhor se adéqua à escola do futuro?

As transformações ocorridas no mundo no final dos anos 1970 provocaram uma rápida mudança nas estruturas produtivas na base das sociedades. Isso gerou a necessidade de responder aos desafios dos novos tempos. Com o fim da guerra fria, estabeleceu-se a hegemonia do capitalismo e a substituição do conflito velado entre os países por uma profunda reflexão entre os governos dos países centrais sobre as possibilidades para se manterem diante da dinâmica disputa por mercados. Percebemos que, das variáveis que condicionaram um diferencial nas economias capitalistas emergentes, a principal se dava no investimento em educação.

Compreendendo a reforma na educação

É interessante observar que essa constatação, anteriormente observada, coincide com as reformas da educação promovida nos anos 1980, seja na América do Norte, seja na Europa. Isso significa que a nova ordem internacional exigiu uma modificação na estratégia de formação de recursos humanos, adaptados à realidade do complexo cenário que se esboçava de feitio neoliberal. Essas mudanças vão obrigar os sistemas de educação a uma profunda alteração nas escolas, nos currículos e na formação dos professores. Sobre a formação de professores, a reforma da educação tem por objetivo a busca de uma formação mais sólida, a normatização da entrada na profissão docente, a institucionalização da carreira do magistério e a autonomia das escolas.

No contexto internacional, tem-se a organização de movimentos que vão influenciar a reforma no Brasil:

- Educação para Todos – Jomtien/1990;
- Educação ao Longo da Vida – Dakar/2000;
- Relatório Jacques Delors – Unesco;
- Sete Saberes Necessários para Educação no Futuro – Edgar Morin (Reforma na França);

- Na década de 1990 a educação no Brasil vai passar por uma reforma no ensino;
- Plano Decenal de Educação para Todos – 1993;
- Conferência Nacional de Educação – 1994.

O Brasil, em meados dos anos 1990, também realizou a sua reforma na educação. A partir da Constituição de 1988 e da sua regulamentação específica com a nova LDB, de 20 de dezembro de 1996. Vale destacar que a nova LDB traz no seu bojo uma nova concepção de ensino. Os níveis da educação básica caracterizam-se fundamentalmente pela terminalidade tanto no ensino fundamental, quanto no ensino médio. Subjacente ao conteúdo dessa lei, podemos perceber facilmente o referencial que a orienta a partir da pedagogia das competências. Mas não se pode esquecer de destacar três princípios que definem a organização geral do ensino: a flexibilidade, a interdisciplinaridade e a contextualização. A autonomia e a descentralização também devem ser consideradas como inovação presente na nova LDB, como renovação do sistema de educação. Atrelada à nova estruturação presente com a Lei n. 9394/1996, temos a instalação de um Saeb e do Enem. Desse modo, a carta magna de 1988 e a nova LDB constituem-se num plano legal um primeiro momento da edição do suporte normativo que orienta os paradigmas da reforma.

Num segundo momento, tem-se o lançamento das Diretrizes Curriculares, dos Referenciais Curriculares e dos Parâmetros Curriculares Nacionais. Em 2001, o CNE editou o Parecer n. 09/2001 sobre a formação de professores para a educação básica, tornado referência para a publicação da Resolução n. 01/2002, de 18 de fevereiro de 2002, e n. 02/2002, que trata da definição da carga horária para o licenciado nos cursos de formação de professores.

Nas diretrizes para a formação de professores, podem ser destacados os seguintes elementos:

- Pedagogia das competências;
- Simetria invertida;
- Relação teoria e prática;
- A pesquisa na formação do professor;
- Concepção de professor prático-reflexivo;
- Formação priorizando a dimensão prática;
- Estágios a partir da metade do curso;
- Práticas desde o início do curso;
- Metodologia da problematização;
- Modelo clínico;
- Certificação de competências.

Os dilemas da escola hoje

Por que a reforma na educação? A reforma questionava a produtividade da escola. Por que a permanência de tantos problemas na escola, principalmente na escola pública, se já se têm elementos científicos para identificá-los, explorá-los e superá-los? A reforma na educação problematiza e coloca em cheque o que se está fazendo concretamente para resolver a problemática da evasão, da repetência, do analfabetismo escolar, do livro didático, da merenda escolar, da passagem do 5º para o 6º ano, da impossibilidade da escola de tempo parcial, do número de alunos por sala, da infraestrutura inadequada ou insuficiente, das drogas, da violência e da avaliação. De forma resumida, nesses poucos itens mencionados, tem-se, em síntese, o fracasso escolar oculto: por que o fracasso escolar permanece de forma insuperável no sistema de educação?

Portanto, parte da resposta para as dificuldades presentes, no sistema educacional e na escola, tem em parte a sua crítica depositada no modelo de formação de professores: currículos pouco apropriados à realidade e às exigências da escola requerida pela nova ordem mundial, cursos com disciplinas genéricas e de pouca objetividade, dicotomia teoria/prática, com estágios somente ao final, conteúdos em geral fragmentados, currículos que geram pouco impacto na vida dos alunos.

Os modelos da formação de professores

Com a crítica pontuada ao sistema de formação de professores, tem-se a tendência de reformular os currículos dos cursos de acordo com os seguintes pressupostos: elevação do nível da qualidade da formação docente, formação universitária do docente e educação continuada. Toda essa problemática pode ser configurada pela produção de um mal-estar nas faculdades de educação e nos cursos de formação de professores. Entretanto, esse quadro em que se encontrava a formação docente tem atrelado outro conjunto de questões: qual a validade dos saberes universitários? Para que serve a formação universitária dos professores? Como articular na formação de professores a relação entre teoria e prática? Como aproximar as instituições formadoras de professores das escolas e dos sistemas de educação? Essas questões servem para se repensar seriamente o que se está fazendo diante do impasse criado pela dinâmica da improdutividade da escola.

A partir das críticas até aqui explícitas, pode-se perguntar: que caminhos podem ser tomados diante dessa situação? Alguns elementos podem servir de início como prioridade na formação de professores:

- A formação intelectual – domínio de amplo conteúdo geral;
- A formação política – compreensão e leitura das relações complexas na sociedade e na escola;
- A formação técnica;
- O domínio de conteúdos específicos, sabendo aplicá-los.

A pedagogia da competência e a epistemologia da prática docente

Contrapondo-se à crítica formulada, temos como referencial a pedagogia da competência, que tem a sua identidade epistemológica fundada na racionalidade técnico-instrumental, ou seja, o limite dessa racionalidade encontra-se nos marcos do sistema capitalista de produção. A lógica da organização do aparelho produtivo utiliza a ciência para fortalecer o seu domínio e consolidar a sua hegemonia, todavia, a racionalidade pedagógica que orienta o ofício docente é diferente da racionalidade instrumental. A sua compreensão parte de uma epistemologia da prática docente, ou melhor, tenta-se entender pela experiência e pela prática dos professores os saberes que constituem a identidade dos professores. Nesse sentido, os saberes gestados na prática docente têm a sua legitimação pela racionalidade normativa, que valida o seu sentido ético do trabalho docente.

Segundo Maurice Tardif, na prática docente o professor em ação mobiliza saberes que vêm da sua experiência. Existem também outros saberes, como o saber disciplinar, oriundo do conteúdo específico que é estudado na especialização; os saberes curriculares, que advêm do conteúdo dos currículos; e os saberes pedagógicos, que são aprendidos nos cursos de capacitação docente. Portanto, o conjunto desses saberes é constitutivo da base do conhecimento que se designa por saberes docentes. Assim, pode-se afirmar que, para o professor fazer-se verdadeiramente professor, a referência é a prática. O professor somente é professor na prática.

A ação docente caracteriza-se por uma prática comunicativa. Os conteúdos ensinados são transmitidos pela mobilização de saberes, pelo qual os professores refletem um saber científico. Porém, a ação em si dessa comunicação forjada no diálogo não é científica, mas eminentemente prática. O professor dialoga com os alunos num clima de reciprocidade, em torno do processo de ensinar e aprender. O diálogo ou a comunicação que se estabelece entre professor e aluno é o elo que permite a troca de conhecimento, como nos fala Paulo Freire: "O educando aprende com o educador e o educador aprende com o educando". A transposição didática é a transformação dos conteúdos científicos em conteúdos curriculares, adaptando-os em objetos de ensino, considerando o nível cognitivo dos educandos e a escola como um todo, permitindo que os conteúdos científicos, oriundos das disciplinas específicas de área, sejam por assim dizer ensináveis. Desse modo, compreende-se que a ação em si do professor na gestão do conteúdo é apenas uma comunicação do objeto científico.

Nessa perspectiva, o conceito de educar se define pela ação docente, por fazer no outro a humanidade. A docência é o trabalho docente potencializado em fazer o ser humano mais humano. Finalizando, diante do exposto, podemos afirmar que a profissão docente não se limita ao ensino ou à tarefa de ministrar aulas, mas simplesmente em fazer no outro a humanidade que carregamos em nós. Portanto, não é fácil ser professor; a tarefa é complexa e de difícil realização.

6
SOBRE A PROFISSIONALIZAÇÃO DOCENTE

A formação de professor encontra mais uma polêmica. Desta feita fomos surpreendidos pela edição de um parecer do CNE que estabelece uma prerrogativa aos professores que trabalham na educação infantil e nas primeiras séries (1ª à 4ª) do ensino fundamental: basta possuir o curso normal ou pedagógico em nível médio para atuar como docente em sala de aula.

A nova LDB diz no artigo 62: "A formação de docentes para atuar na educação básica far-se-á em nível superior, em curso de licenciatura, de graduação plena, em universidades e institutos superiores de educação, admitida, como formação mínima para o exercício do magistério na educação infantil e nas quatro primeiras séries do ensino fundamental, a oferecida em nível médio, na modalidade Normal". Mas se observarmos as disposições transitórias no seu artigo 87, parágrafo 4, lá está posto que "até o fim da década na Educação serão admitidos professores habilitados em nível superior ou formados por treinamento em serviço". Ou seja, nas disposições transitórias tem-se a afirmação da necessidade da licenciatura para se tornar professor. Aqui se coloca a devida exigência da formação universitária dos docentes.

Choca-nos constatar que o que parecia ser uma exigência contraditória da lei torna-se política educacional coordenada pelo Ministério da Educação e pelo CNE, depois de ter passado tantos anos despercebida pelo legislador. Portanto, considerando a atual circunstância normativa, não se exigirá a formação em grau superior para tornar-se professor de crianças. Assim, que fique claro: o cumprimento da Resolução CEB/CNE n. 1, de 20 de agosto de 2003, limita-se ao cumprimento da própria LDB.

Mas o que está por trás dessa discussão sobre a formação de professores? A qualidade do ensino? A qualidade da formação docente?

A tese de que todos os professores que atuam na escola básica devem ter nível superior requer a reestruturação do sistema universitário brasileiro. Mas se considerarmos o plano da política educacional, o problema que temos a enfrentar não se resolve em apenas uma década. Os indicadores do Ministério da Educação apontam que a profissionalização dos docentes está longe de chegar ao fim. No Brasil atualmente 48% dos nossos professores não têm formação superior. O problema é grande e de solução complexa, pois não basta titular o professor, é preciso formar o bom professor. Portanto, perguntamos: como formar o docente? Compreendemos que não é possível haver bom sistema de ensino se não considerarmos o investimento na formação de professores.

Para finalizar, lembramos que melhoria da escolaridade básica tem consequência imediata na formação para o magistério. Não seria exagero afirmar que a base de qualquer política de educação passa necessariamente por um corpo de professores comprometidos, altamente qualificados; daí, desejável como titulação o grau superior, além de clareza na definição do projeto político-pedagógico atualizado, que tenha em vista a transdisciplinaridade como horizonte utópico. A formação docente de excelência deve possibilitar ao professor uma base de conhecimentos que lhe permita transformar informações diversas em conhecimento articulado, integrando-o criticamente à realidade e na contextualização da vida do educando.

7 A FORMAÇÃO DE PROFESSORES NUMA ENCRUZILHADA

É grave o que nos apontam os indicadores do Ministério da Educação sobre o *déficit* de professores no Brasil. Trata-se de um problema de Estado. As últimas informações registram que faltam professores principalmente para as disciplinas de Matemática, Física, Química e Biologia. A carência revela que precisaríamos contratar mais de 700 mil professores para a escola de educação básica. Somente no ensino médio necessitamos de 235 mil professores. Por que essa questão se apresenta de forma tão severa? O núcleo duro dessa questão é colocado a partir da valorização docente. Os cursos de formação de professores tiveram ao longo das últimas cinco décadas um completo abandono do Estado. A educação não é prioridade nas políticas públicas sociais. Os governos não compreendem que educação, para além de seus custos, é o investimento mais rentável, o que permite a melhoria da qualidade de vida do povo e acesso à cidadania para a construção de uma sociedade verdadeiramente democrática.

O desafio que se apresenta para a superação desta crise passa necessariamente pelo incentivo, para que os jovens no seu processo de formação tenham motivação para trilhar os caminhos da docência. Daí ser urgente a definição de um programa de indução à formação de professores ou um projeto de incentivo para a carreira do magistério, atraindo os melhores alunos e aqueles com talento para a docência. Todo esse esforço deve ter respaldo por uma política estratégica de melhoria contínua da escola pública agregada à valorização dos professores. Essa valorização implica na melhoria das condições de trabalho e na qualidade da escola. Para efetivar essa importante ação é urgente a retomada do diálogo com os professores para revisão das condições salariais, abertura de concursos públicos, definição do projeto pedagógico nas escolas, planejamento focado com metas e resultados no pedagógico, acompanhamento da aprendizagem e avaliação dos alunos, implementação da gestão democrática e fortalecimento dos conselhos escolares como órgãos de estímulo, participação e motivação dos sujeitos da escola do processo de transparência da gestão escolar.

Também é necessária uma mudança na cultura escolar. A cultura do fracasso – reprovação, repetência, evasão e abandono – deve ser superada pela cultura do sucesso escolar. O professor deve ser formado para saber ensinar. A sua formação deve contemplar a construção de uma nova mentalidade no ensino. A reforma da educação, em curso no Brasil há mais de dez anos, universalizou a educação e ampliou o acesso à escola e à renovação das orientações curriculares, definindo a concepção metodológica construtivista, pontuada pelos princípios fundamentados nas categorias da interdisciplinaridade, da flexibilidade e da contextualização como elementos centrais para o desenvolvimento de uma prática pedagógica em que se deve priorizar o desenvolvimento de competências no ensino. Não podemos aceitar o resultado de pesquisas que apontam o analfabetismo escolar, no qual as crianças concluem o 9º ano do ensino fundamental com nível de 5º ano; as do 5º ano com nível de 3º ano, e as que terminam o 3º ano do ensino fundamental não sabem ler nem escrever. Essa situação é inaceitável. É urgente que, na formação de professores, esses problemas sejam enfrentados com seriedade, visto que é um lento processo de mudança na escola brasileira.

Mesmo que não sejamos a favor da reforma da educação, é preciso que estejamos aptos a criticar a política educacional em curso, pois a qualidade na educação deve ser condição indispensável para uma cidadania inclusiva no mundo globalizado.

8 A PEDAGOGIA E A FORMAÇÃO DE PROFESSOR

Entendida como ciência, a Pedagogia tem passado por uma tensão histórica que a provoca na renovação dos seus fundamentos, no desafio de qualificar o processo educativo, como um processo de humanização.

A Pedagogia é regida por um estatuto que lhe é próprio, que se radica na didática e nas práticas pedagógicas ou educativas, e que se integra num campo mais amplo das ciências, recebendo importantes contribuições de caráter parcial da Filosofia, das Ciências Sociais – Sociologia, Antropologia e Ciência Política –, da Psicologia, da Economia e da História. Nesse sentido, em busca de uma nova perspectiva, várias abordagens têm apontado como crítica, para a Pedagogia, a necessidade de libertar-se da concepção de docência baseada na racionalidade técnico-instrumental, superando-a por um novo fazer pedagógico.

As novas leituras compreendem a atuação do pedagogo não limitada à escola, mas entendendo a educação no seu sentido amplo, e extrapolando a prática pedagógica para além do âmbito escolar. O pedagogo, como profissional, não deve de fato limitar sua atuação, tendo a centralidade da formação no sentido *stricto* da docência para o contexto escolar. Nesse sentido, as práticas educativas podem ocorrer em múltiplos locais. Na formação cabe às instituições formadoras ampliar as perspectivas dos estudos e as possibilidades de compreensão dos processos de humanização, das práticas pedagógicas e dos processos de ensino, dos meios e das tecnologias de aprendizagem; ou seja, onde ocorre o fenômeno educativo, lá se coloca o campo para a atuação do pedagogo como profissional da educação.

O propósito de se construir uma racionalidade libertadora, fundamentada na ação comunicativa, com base no diálogo, tendo a escola como *locus* dos saberes docentes, tem sido objeto de recentes estudos e investigações. Isso contribui de forma significativa para o despertar de uma nova abordagem para a fundamentação da pedagogia que responda às questões da contemporaneidade na educação.

Numa perspectiva mundial, os problemas da educação que estão colocados para a humanidade necessitam ser enfrentados, e cabe aos profissionais da educação assumir o desafio. Para dar conta dessa problemática, faz-se necessária a construção de uma nova epistemologia da prática profissional que explicite o saber docente, fundamentado numa racionalidade emancipadora.

As bases de uma nova epistemologia têm sido elaboradas a partir de novas pesquisas que investigam a atuação do docente. A formação de professor ainda é um grande desafio para a educação brasileira. O termo "formação" traz em seu significado a possibilidade de, verdadeiramente, educarmos o ser humano para a vida. Formação não se limita a treinamento ou a capacitação; é um processo de constante transformação a que nos submetemos para, como seres humanos, darmos conta de outros seres humanos. Educar o educador para educar seres humanos, formando-os para a vida. Seguindo a tradição da modernidade, o sentido profundo do ato de educar tem a sua essência na emancipação humana.

Portanto, a educação emerge como ato de liberdade. Esta reflexão é apenas para lembrar a responsabilidade de todo professor que se pretende educador. O professor deve buscar na formação continuada ampliar os limites da sua formação.

O trabalho docente se faz por uma relação com outros sujeitos, caracterizada por uma ação comunicativa, fundada no diálogo. Essa prática cotidiana reflexiva é constituída por uma racionalidade específica, que podemos chamar de racionalidade pedagógica. No próprio mundo da vida, as inter-relações comunicativas entre os indivíduos são frutos da necessidade de relações interpessoais, de trocas e entendimentos dos homens como sujeitos.

Essa racionalidade é fruto das relações dos docentes com o seu fazer. Do trabalho docente, da gestão da sala de aula, da gestão do grupo, da relação com os outros docentes e com os alunos, emerge um conteúdo que lhe é próprio. O saber profissional dos professores é um saber plural e heterogêneo. É um conhecimento construído a partir do trabalho.

Assim, o ato docente pode ser compreendido como uma ação carregada de sentido, situada num contexto que lhe é específico, marcada pela tomada de decisões diante do incerto. Desse modo, o saber docente é construído no limite da prática. O professor aguça o seu saber-fazer agindo certo no momento oportuno.

Na prática docente os professores adaptam, recriam, refazem, ressignificam seus saberes de formação na atividade prática, pela emergência das situações circunstanciais, agindo na contingência e decidindo na urgência.

O enfrentamento do cotidiano escolar nos desafia a problematizar criticamente a nossa realidade, assumindo a missão de formar seres humanos. Para essa missão temos que formar docentes reflexivos, críticos, investigadores, despertando, assim, a permanente curiosidade diante do novo na perspectiva do futuro.

9 A DOCÊNCIA E A VALORIZAÇÃO DO MAGISTÉRIO

O magistério é uma das profissões mais complexas. O seu conteúdo é a própria humanidade. A ação docente não se limita ao ensino, à sala de aula ou à escola. O seu conteúdo é identificado com a própria humanidade. Ou seja, fazer no outro a humanidade partilhando crenças, emoções, afetos e valores, promovendo na pessoa humana o sentido da vida.

A docência é uma prática carregada de sentido, marcada por uma ambiência, situada numa realidade em que se busca realizar, por um ato finito, o ser infinito do humano. Assim, a razão que orienta o saber docente é constituída por uma racionalidade limitada. O professor desenvolve pela sua experiência uma prática que, mediada pela reflexão, gera um conhecimento que lhe é específico. Não existe receita para se formar um bom professor. No entanto, é daí que emerge a ambiguidade da docência. O que garante a docência? Qual o resultado do trabalho dos professores? Qual a certeza de se conseguir o que se planejou no final da atividade proposta pelos professores? Será que basta a formação numa licenciatura para ser um bom professor?

Se a formação universitária não assegura a formação de um bom professor, de que vale a formação universitária? O que faz um bom professor?

No seu cerne a docência é um ofício que se faz modernamente como uma profissão. Portanto, se aprende a ser professor por uma conquista de ser humano, proporcionando ao outro a própria humanidade. É pela alteridade de reconhecer o outro que se faz a docência. Não é algo simples a formação de professor. É um desafio contínuo ser professor. É uma conquista que se faz dia a dia, em cada atividade, na sala de aula, na escola, com os alunos, com os colegas professores e até com os pais dos alunos. O conteúdo de uma aula não está contido apenas no conteúdo a ser ensinado, mas na formação do humano, que se faz educando.

É sabido que o ensino é uma atividade prática. A prática docente é uma ação concebida pelas circunstâncias que marcam a nossa própria humanidade. Destacamos que a experiência docente é constituída pela cultura social, fonte da prática educativa. O professor age movido pela ação docente, que é situada, é marcada pela produção de sentidos. A prática docente forja o conhecimento prático dos professores, que é aperfeiçoado ao longo da sua carreira no magistério. É nesse sentido que se interpreta a dimensão da reflexão da ação docente: é um conhecimento que se gesta na relação entre o pensamento, a ação e o pensamento sobre a ação. É aí que se gera o conhecimento que está implícito na ação docente e o conhecimento que se explicita como fruto da reflexão sobre a ação. A docência se faz para além da técnica e se realiza como uma ação intelectual que requer autonomia do sujeito que a exerce.

Mas a ação docente dos professores no seu trabalho é uma atitude profissional, pessoal e política. O professor é sujeito que, desafiado pela responsabilidade frente às demandas da sociedade, tem no seu compromisso com a utopia e a emancipação uma tarefa ética de respeito incondicional à dignidade do ser humano.

Os professores precisam de incentivo no desenvolvimento do trabalho docente. Para a elaboração do *design* didático, por meio do planejamento, a feitura de uma aula exige criatividade e conhecimento, sobretudo mobilizados numa situação de ensino e aprendizagem. A docência pede do professor que transforme informação em conhecimento, conhecimento ensinado em aprendizagem. Aqui se aplica a máxima: não se ensina a quem não quer aprender.

10 / CONSIDERAÇÕES EM TORNO DA EMERGÊNCIA DOS NOVOS PARADIGMAS NA EDUCAÇÃO

A emergência dos novos paradigmas em educação tem revelado a abertura da pedagogia para áreas pouco ou, muitas vezes, praticamente nunca abordadas. O caso particular que ora passamos em revista consiste na aplicação da informática e sua interface com a educação.

A informática educativa é uma dessas novas áreas que, no plano da tecnologia educacional, vem inovando as práticas pedagógicas e enriquecendo o debate sobre um novo *modus* de construção do conhecimento e da aprendizagem. A especificidade do trabalho educativo reside fundamentalmente no ensino-aprendizagem. Assim, a escola é o *locus* central da construção do saber. O trabalho dos educadores consiste na busca da compreensão da forma mais apropriada da dinâmica do ato de aprender. O que infelizmente observamos é que a escola tem negligenciado uma atitude crítica, diante do educando, sobre o ato de aprender. A pedagogia liberal mostrou-nos que os modelos pedagógicos que permeiam a escola moderna constituíram-se como rígidos, fechados e cercados pelo autoritarismo, ou o saber apenas centrado no professor. O modelo da pedagogia tradicional foi marcado pela estrutura da escola centrada exclusivamente no professor: dele emanava todo o saber, todo o conhecimento, e tudo era marcado visando ao preparo dos indivíduos para desempenharem papéis sociais exigidos pela sociedade.

A escola tinha como missão preparar os indivíduos para desenvolver suas potencialidades diante das exigências do mundo. O conteúdo estava centrado na reprodução social; ou seja, a escola cumpria a tarefa de formar nos educandos valores exigidos pela sociedade. A concepção de educação de Durkheim nos mostra a ação das gerações adultas sobre as mais novas. Para que as crianças e os jovens superassem o egoísmo pessoal, adotando o altruísmo, e beneficiassem a sociedade como um todo, a escola teria como função social reproduzir normas e regras exigidas pela sociedade e particularmente pelo meio no qual a criança estivesse situada. Também vemos que em Dewey, apesar de a educação ganhar um sentido amplo – educação é vida –, o modelo da escola está centrado na valorização da experiência. Na sociedade capitalista, a liberdade e a igualdade não dizem respeito a oportunidades iguais para todos, pois o conteúdo democrático da sociedade burguesa diz sobre a dimensão das desigualdades sociais construídas historicamente pelo confronto das classes sociais e da situação da produção e divisão da riqueza entre os homens.

Ainda, na pedagogia liberal, o modelo da escola tecnicista, os meios são o centro de todo o processo pedagógico. Acreditava-se que os problemas da educação fossem resolvidos pela ação científica do educador, bastando, para isso, objetividade no trato das questões. A racionalização do ensino-aprendizagem se dava pela *tecnologização* da educação: o comportamento é mensurado, para que se atinja o desempenho previamente determinado por meio de objetivos instrucionais.

A postura dos paradigmas emergentes modifica por completo a óptica de abordagem dos modelos pedagógicos anteriormente descritos. Enquanto esses modelos tinham como dimensão fundadora pensar a educação e a escola como sistemas fechados, os novos paradigmas interpretam a dimensão do conteúdo educacional com uma compreensão bastante distinta. As teorias vão tentar abordar a realidade, mas considerando a totalidade e a multidimensionalidade da construção do conhecimento. O humano é tomado como ser plural, entendido como uma composição complexa nos seus aspectos sistêmicos. Isso se dá pela integração do físico, do emocional, do biológico, do social, do político... e do ecológico. O ser humano, ser de relações, situado historicamente, é tomado como sujeito do conhecimento, mas compreendido na sua interatividade, participante de um sistema aberto, contextualizado numa estrutura social.

Portanto, a concepção de educação compreendida como sistema aberto, vivo, flexível, resulta da escola que busca criar o novo, fundamentado no diálogo. A substância desse projeto de escola se põe desafiada pela construção da própria subjetividade humana, que se efetiva via currículo aberto para as novas relações.

Assim, o paradigma educacional será fundamentado com base no construtivismo, sob a perspectiva de uma leitura sociocultural. Nos marcos desta leitura, as novas tecnologias, especificamente a informática educativa, estão assentadas numa completa transformação dos modelos epistêmicos vigentes no campo educacional. A partir dos estudos de Piaget e Vygotsky, o construtivismo provoca verdadeira revolução na elaboração do conhecimento. A autonomia dos sujeitos epistêmicos se destaca como tematização central e a informática se torna apenas um meio, uma excelente ferramenta para possibilitar a realização dessa nova interpretação pedagógica. A proposta de colocar o computador na escola, levando-o à sala de aula, deve ser tomada como pressuposto referencial dessa nova perspectiva do ensino e aprendizagem fundamentada no construtivismo.

A informática educativa por si só não muda a escola. O computador, que deve chegar à sala de aula, também pode ser muito útil à burocracia da própria escola. Portanto, não faz sentido o computador na escola, se a escola não mudar. A instituição escolar e os professores devem estar comprometidos com a mudança, investindo minimamente na conceitualização de um novo currículo e na reestruturação dos métodos pedagógicos.

11. A PEDAGOGIA NO CONTEXTO DAS NOVAS TRANSFORMAÇÕES: ITINERÁRIO INCIDENTAL

Para compreendermos o mundo atual é necessário refletir sobre a atividade dos homens na sua realidade. Vivemos um processo de intensa desumanização, marcado por um novo processo de relações econômicas.

Embaladas pela dinâmica da economia globalizada, as empresas, além de diminuírem de tamanho, também tiveram que se atualizar tecnologicamente. Os novos processos de produção passaram por mudanças tecnológicas radicais. Com a remodelagem organizacional e tecnológica, as empresas tiveram, por consequência, que exigir um novo perfil profissional.

O modelo do "novo" trabalhador exige a formação de um profissional multidisciplinar, que tenha iniciativa, trabalhe em equipe e esteja preparado para tomar decisões. A qualidade do conteúdo do trabalho exige do indivíduo uma permanente abertura para novas situações, inclusive de aprendizagem. O mundo da produção passa a exigir a reciclarem constante. Portanto, a educação continuada e a aprendizagem permanente de conteúdos específicos passam a constituir o perfil da real escola no contexto do neoliberalismo. O desempenho do trabalhador, sua competência individual e a produtividade são elementos determinantes para a posição do indivíduo na estrutura organizacional.

As repercussões dessas características do novo trabalhador provocaram uma profunda reflexão no mundo do trabalho. Essa discussão também repercutiu de forma intensa na escola. Ela foi convocada a responder sobre questões emergentes das novas relações de produção. Com essas mudanças, os postos de trabalho diminuíram como consequência decorrente da própria crise; aumentou, assim, a crescente onda de desemprego. Hoje o trabalhador sabe que seu emprego não é fixo e que ele poderá passar por vários empregos ao longo da vida. Para que ele se adapte a diferentes situações, a sociedade globalizada passa a exigir a escolaridade para assim demarcar o seu potencial de empregabilidade.

No Brasil convivemos com gravíssimos indicadores sociais. A situação de injustiça social é de tal gravidade que criamos uma terminologia apropriada para tamanha injustiça social: *apartação*. Esse termo, traduzido de *apartheid*, vinculado à realidade de diferença racial na África do Sul, aqui passa a expressar a própria segregação social que vivemos. Vejamos algumas informações que apontam a gravidade da injustiça social: temos 30,7% das nossas crianças em completo estado de desnutrição, provocada por uma situação de fome. As taxas de analfabetismo apontam para 18,8% de analfabetos acima de 15 anos. Em 1995, a média de tempo de estudo variava de 5,4 anos entre os homens a 5,7 anos entre as mulheres. Ou seja, os alunos que conseguem chegar à escola a frequentam em torno de cinco anos antes de se *evadirem*. Mas não podemos esquecer, muitas vezes é a própria escola, completamente desvinculada da realidade da vida da criança, que a expulsa, impedindo assim que ela chegue à conclusão da sua escolaridade básica obrigatória. O tempo médio de permanência na escola do trabalhador no Brasil corresponde apenas ao necessário para concluir os quatro primeiros anos do ensino fundamental.

O acesso de todos à escola é fundamental, mas não podemos esquecer que a prioridade são as crianças, possibilitando-lhes no mínimo a conclusão do ciclo básico. No entanto, diante das mudanças contemporâneas, surgem novos ambientes de aprendizagem. A informática e as tecnologias digitais provocaram uma completa revolução nos paradigmas do pensar e do fazer. Agora o estatuto do saber é marcado pela dinâmica do efêmero, pela interatividade, pela realidade virtual, pelo mundo digital. Como compreender esta realidade? Como contemplar na universidade a formação desse "novo" trabalhador? Quais os conteúdos importantes para esta nova formação? O que muda na formação do professor? Como assegurar a democratização do acesso e permanência de todos na escola? São questões que se fazem presentes perante a realidade do mundo globalizado.

A sociedade do futuro exige processos rápidos de mudanças, numa velocidade nunca vista na história da humanidade. Nessa perspectiva, a informação em processo de conhecimento exige que se inove a formação profissional. Assim, os sistemas de aprendizagem e particularmente a escola devem ser reinventados, passando por uma completa reconceitualização.

REFERÊNCIAS BIBLIOGRÁFICAS

ABRANCHES, Mônica. *Colegiado escolar*: espaço de participação da comunidade. São Paulo: Cortez, 2003.

ABU-DUHOU, Ibtisam. *Uma gestão mais autônoma das escolas*. Brasília: Unesco/IIEP, 2002.

AGUIAR, Márcia & FERREIRA, Naura (orgs.). *Gestão da educação*: impasses, perspectivas e compromissos. São Paulo: Cortez, 2005.

ALMEIDA, Laurinda Ramalho de & PLACCO, Vera Maria de Souza (orgs.). *O coordenador pedagógico e o espaço de mudança*. São Paulo: Loyola, 2003.

ASSMANN, Hugo. *Reencantar a educação*: rumo à sociedade aprendente. Petrópolis: Vozes, 1998.

BELLONI, Maria Luiza. *Educação a distância*. Campinas: Autores e Associados, 1999.

CAMPOS, Casemiro de Medeiros. *Saberes docentes e autonomia dos professores*. Petrópolis: Vozes, 2007.

_____. *Educação: utopia e emancipação*. Fortaleza: UFC, 2008.

CAMPOS, Casemiro de Medeiros; BRAZ, Milena Marcintha Alves et al (org.). *Gestão escolar: saber fazer*. Fortaleza: UFC, 2009.

COLOMBO, Sônia Simões et al. *Gestão educacional*: uma nova visão. Porto Alegre: Artmed, 2004.

CONTRERAS, José. *A autonomia de professores*. São Paulo: Cortez, 2002.

CORREIA, José Alberto & MATOS, Manuel. *Solidões e solidariedades nos quotidianos dos professores*. Porto: ASA, 2001.

COSME, Ariana & TRINDADE Rui. *Área de projetos: percursos com sentidos*. Porto: ASA, 2001.

_____. *Manual de sobrevivência para professores*. Porto: ASA, 2002.

_____. *Escola a tempo inteiro*: escola para que te quero?. Porto: Profedições, 2007.

COSTA, Vera Lúcia Cabral (org.). *Gestão educacional e descentralização*: novos padrões. São Paulo: Cortez/Fundap, 1997.

DEMO, Pedro. *Metodologia do conhecimento científico*. São Paulo: Atlas, 2000.

FREIRE, Paulo. *Pedagogia da autonomia*. São Paulo: Paz e Terra, 1997.

GUIMARÃES, Ana Archangelo et al. *O coordenador pedagógico e a educação continuada*. 6. ed. São Paulo: Loyola, 2003.

HABERMAS, Jürgen. *Verdade e justificação*: ensaios filosóficos. São Paulo: Loyola, 2004.

HARGREAVES, Andy et al. *Aprendendo a mudar*. Porto Alegre: Artmed, 2002.

HENGEMÜHLE, Adelar. *Gestão de ensino e práticas pedagógicas*. Petrópolis: Vozes, 2004.

IMBERNÓN, Francisco. *Formação docente e profissional*: formar-se para a mudança e a incerteza. 5. ed. São Paulo: Cortez, 2005.

LEITINHO, Meirecele Calíope. *Concepção e currículo: Universidade Regional do Cariri*. Fortaleza: Imprensa Universitária/ UFC, 2000.

LÉVY, Pierre. *As tecnologias da inteligência*: o futuro do pensamento na era da informática. São Paulo: Editora 34, 1990.

LIRA, Bruno Carneiro. *O professor sociointeracionista e a inclusão escolar*. São Paulo: Paulinas, 2008.

LÜCK, Heloisa. *Gestão educacional*: uma questão paradigmática. vol. 1. Petrópolis: Vozes, 2008.

_____. *Ação integrada*: administração, supervisão e orientação educacional. 23. ed. Petrópolis: Vozes, 2005.

_____. *Concepções e processos democráticos de gestão educacional*. vol. 2. Petrópolis: Vozes, 2008.

_____. *Gestão participativa na escola*. vol. 3. Petrópolis: Vozes, 2008.

_____. *Liderança em gestão escolar*. Petrópolis: Vozes, 2008.

LÜCK, Heloisa et al. *A escola participativa*: o trabalho do gestor escolar. 2. ed. Petrópolis: Vozes, 2005.

MARCHESI, Álvaro. *O bem-estar dos professores*, Porto Alegre: Artmed, 2008.

MARTINS, José do Prado. *Administração escolar*. São Paulo: Atlas, 1999.

_____. *Gestão educacional*: uma abordagem crítica do processo ativo em educação. Rio de Janeiro: Wak, 2006.

MELLO, Guiomar Namo de. *Educação escolar brasileira*: o que trouxemos do século XX?. Porto Alegre: Artmed, 2004.

MORIN, Edgar. *Os setes saberes necessários para à educação no futuro*. São Paulo: Cortez, 2001.

NÓVOA, António. *Formação de professores e trabalho pedagógico*, Lisboa: Educa, 2002.

NÓVOA, António & SCHRIEWER, Jürgen (orgs.). *A difusão mundial da escola*. Lisboa: Educa, 2000.

OLIVEIRA, Dalila Andrade (org.). *Gestão democrática da educação*: desafios contemporâneos. Petrópolis: Vozes, 1997.

_____. *Planejamento estratégico*. São Paulo: Atlas, 1991.

OLIVEIRA, Manfredo Araújo de. *Desafios éticos da globalização*. São Paulo: Paulinas, 2001.

OLIVEIRA, Maria Auxiliadora Monteiro. *Gestão educacional*: novos olhares, novas abordagens. Petrópolis: Vozes, 2005.

PARO, Vitor Henrique. *Gestão democrática da escola pública*. São Paulo: Ática, 2002.

_____. *Gestão escolar, democrática e qualidade do ensino*. São Paulo: Ática, 2007.

PERRENOUD, Philippe. *Ensinar*: agir na urgência, decidir na incerteza. 2. ed. Porto Alegre: Artmed, 2001.

ROSA, Clóvis. *Gestão estratégica escolar*. Petrópolis: Vozes, 2005.

SACRISTÁN, Gimeno. *Poderes instáveis em educação*. Porto Alegre: Artmed, 1999.

_____. *O currículo*: uma reflexão sobre a prática. Porto Alegre: Artmed, 2000.

SENGE, Peter et al. *Escolar que aprendem*. Porto Alegre: Artmed, 2005.

SILVA JÚNIOR, Celestino Alves. *A escola pública como local de trabalho*. São Paulo: Cortez/Autores Associados, 1990.

SHÖN, Donald. *Educando o profissional prático-reflexivo*, Porto Alegre: Artmed, 2000.

SOUZA, Silvana Aparecida de. *Gestão escolar compartilhada*: democracia ou descompromisso? São Paulo: Xamã, 2001.

TARDIF, Maurice. *Saberes docentes e formação profissional.* Petrópolis: Vozes, 2002.

TARDIF, Maurice & LESSARD, Claude. *O ofício docente*: histórias, perspectivas e desafios internacionais. Petrópolis: Vozes, 2006.

_____. *O trabalho docente.* Petrópolis: Vozes, 2006.

_____. *O trabalho docente*: elementos para uma teoria da docência como profissão de interações humanas. Petrópolis: Vozes, 2008.

THERRIEN, Jacques & LOIOLA, Francisco Antônio. Experiência e competência no ensino: pistas de reflexões sobre a natureza do saber-ensinar na perspectiva da ergonomia do trabalho docente. *Educação e Sociedade*, Campinas, vol. 22, n. 74, pp. 143-160, abr. 2001.

THERRIEN, Jacques. O saber social da prática docente. *Educação e Sociedade*, Campinas, vol. 14, n. 46, 1993, pp. 408-418.

TIFFIN, John & RAJASINGHAM, Lalita. *A universidade virtual e global.* Porto Alegre: Artmed, 2007.

VASCONCELOS, Celso. *Planejamento, projeto de ensino-aprendizagem e projeto político-pedagógico.* São Paulo: Libertad, 1999.

VASCONCELOS, Maria do Socorro (org.). *Educação e liberdade.* Fortaleza: Brasil Tropical, 2004.

VEIGA, Ilma Passos Alencastro (org.). *Projeto político-pedagógico na escola*: uma construção possível. Campinas: Papirus, 1997.

VIEIRA, Sofia Lerche (org.). *Gestão da escola*: desafios a enfrentar. São Paulo: DP&A, 2002.

_____. *Educação básica*: política e gestão da escola. Fortaleza: Líber Livro, 2008.

Rua Dona Inácia Uchoa, 62
04110-020 – São Paulo – SP (Brasil)
Tel.: (11) 2125-3500
http://www.paulinas.com.br – editora@paulinas.com.br
Telemarketing e SAC: 0800-7010081